MARILYN MONROE

MARILYN MONROE

92-60-90

JAVIER CUESTA

ISBN: 84-9764-745-9
Depósito legal: M-28412-2005

Colección: Mujeres en la historia
Título: Marilyn Monroe
Autor: Javier Cuesta
Coordinador general: Felipe Sen
Coordinador de colección: Mar de Ventura Fernández
Diseño de cubierta: Juan Manuel Domínguez
Impreso en: LÁVEL

IMPRESO EN ESPAÑA – *PRINTED IN SPAIN*

ÍNDICE

La luz de la habitación aún permanecía encendida. La puerta estaba cerrada con llave y de la mesilla de noche sobresalía una pequeña botica, formada por numerosos frascos de medicamentos, que incluía desde antihistamínicos hasta pastillas sedantes o jarabes para la sinusitis. Pero curiosamente junto a ellos no aparecía ningún vaso de agua que pudiera facilitar su ingestión.

Un cuerpo desnudo de mujer yacía boca abajo sobre la cama y por la almohada se desplegaban sin ningún orden varias madejas de cabello rubio platino. Las sensuales formas femeninas estaban abrigadas únicamente por un sueño profundo o eterno y en su mano derecha la mujer mantenía ligeramente asido, pero sin ningún tipo de presión, el auricular de un teléfono. Daba la sensación de haberse quedado dormida mientras hablaba con su interlocutor o esperaba que alguien contestase al otro lado de la línea...

Aunque se trataba de la realidad, parecía que todos estos elementos formaban parte de una obra teatral, cuyo escenario sólo podía verse a través de una pequeña ventana, esperando a que el espectador, asomándose de puntillas y con mucha discreción, pusiera el final trágico a una escena aún no escrita. Porque en ese decorado, en esa habitación, murió en la madrugada del 4 al 5 de agosto de 1962 la actriz y nació el mito de Marilyn Monroe.

I.   UNA HERENCIA MALDITA

Nunca tuve una relación con mi madre. Nos vimos poco y para mí sólo era la mujer del pelo rojo (Marilyn Monroe).

Por lo general, cuando un personaje alcanza la consideración de mito, todo lo que se dice o escribe relacionado con su vida suele ser verdad, por muy increíble o fantástico que parezca. Incluso aunque algunas de estas informaciones no fueran ciertas, siempre terminan formando parte indisoluble de su leyenda mitológica. Y realmente la vida de Marilyn Monroe, con las posibles anécdotas que ella misma se encargó de inventar y los demás de alimentar, parecía destinada a inspirar un intenso guión cinematográfico cargado de desgracias, escándalos, satisfacciones, amores, delirios y sinsabores.

Probablemente muchos de los comportamientos no siempre comprendidos de la actriz podrían encontrar su explicación en la herencia biológica de su madre natural, Gladys Pearl, que había nacido en México el 27 de mayo de 1902 y de la que no sólo recibió sus apellidos sino también una concepción de la vida familiar y de la filosofía femenina muy alejada de la puritana sociedad media norteamericana.

Los padres de Gladys, Otis Elmer Monroe y Della May Hogan, poseían la nacionalidad norteamericana, pero cuando nació su hija se encontraban en México por cuestiones laborales. Todo parece indicar que no formaban precisamente un matrimonio feliz y bien avenido, pero la muerte prematura de Otis por culpa de la sífilis, cuando Gladys sólo tenía cinco años de edad, rompió definitivamente la posibilidad de alcanzar la deseada armonía familiar, porque a partir de entonces Della May comenzó a padecer una inestabilidad emocional que no sólo le impidió llevar la disciplina de la casa sino que condenó a las generaciones posteriores a ser rehenes de un destino genético del que no podrían escapar.

Las continuas crisis emocionales que sufría su madre, que con el tiempo se transformaron en severos ataques de locura —sobre todo después de casarse en segundas nupcias con Lyle Graves, un hombre alcohólico y violento—, prácticamente empujaron a Gladys al abandono del hogar

9

familiar hasta el punto de encontrar refugio en un prematuro matrimonio cuando aún no había cumplido los quince años. A esta edad se casó con John Newton Baker, un vendedor de Kentucky once años mayor que ella. La ceremonia se celebró el 17 de mayo de 1917, y en diciembre, ocho meses más tarde, nacería su primer vástago, al que bautizaron con el nombre de Jack, que desde el primer momento parecía tener un imán especial para atraer todo tipo de enfermedades. En julio de 1919 lo haría su segundo hijo, una niña a la que pusieron el nombre de Bernice. Entonces, y a pesar de las continuas discusiones que mantenía el matrimonio —en una de ellas Jack se cayó del coche en marcha y este accidente le provocó gravísimas heridas—, se consideraba una pareja estable y nadie podría adivinar que con el tiempo esos dos niños se convertirían en hermanastros de Marilyn Monroe.

Sin embargo, no tuvo que pasar mucho tiempo para que a una joven e inmadura Gladys le saliera su vena liberal más profunda, que no duda en anteponer incluso a su vida familiar, y después de varios meses de grandes desavenencias el matrimonio decide divorciarse en mayo de 1923. John se quedó con la tutoría de sus dos hijos y comenzó con ellos una nueva vida en Kentucky al casarse con una viuda, mientras que Gladys, que a partir de entonces tuvo que ganarse la vida por sí misma, encontró trabajo en la sección de montaje de Consolidated Film Industries como cortadora de negativos.

Acompañada en la mayoría de las ocasiones por su amiga y supervisora de planta Grace Mckee, Gladys se tiñó el pelo de rojo y comenzó diversos escarceos amorosos hasta que se enamoró perdidamente de un joven de ascendencia noruega que físicamente recordaba al actor Clark Gable en su forma de vestir y en el fino bigote que adornaba su rostro, llamado Martin Edward Mortenson. La pasión que sintió el uno por el otro fue tan grande que decidieron casarse el 11 de octubre de 1924, dos meses después de haberse conocido. Pero pronto el flechazo del primer momento dio paso a las disputas y decidieron separar sus vidas, aunque continuaron manteniendo esporádicas relaciones amorosas. Según Gladys, en uno de estos encuentros concibieron a una niña que nació el 1 de junio de 1926, a las 9:30 de la mañana, en la sala de caridad del Hospital General de Los Angeles. El médico que dirigió el parto fue Herman M. Beerman y en la partida de nacimiento quedaron reflejados como padres Gladys Monroe y Martin Edward Mortenson. Acababa de nacer una niña que sería bautizada con el nombre de Norma Jean Monroe, no se sabe si por la gran admiración que Gladys sentía por la célebre actriz de cine mudo Norma Talmadge o por Norma Jean Cohen —una antigua vecina de Gladys que vivía en Kentucky—, pero que el mundo entero la conocería varios años más tarde como Marilyn Monroe.

10

II. EL CASTIGO DIVINO

Mientras crecía comprendí que yo era diferente a los otros chicos, porque en mi vida nunca había besos ni promesas. La mayoría del tiempo me sentía sola y deseaba morir, aunque intentaba animarme soñando despierta, pero jamás imaginé que nadie me llegaría a querer algún día como veía que querían a otros niños (Marilyn Monroe).

Gladys estaba feliz, tenía en sus brazos a una niña rubia y preciosa que le recordaba al verdadero amor de su vida, pero pocos días más tarde supo que Martin había abandonado Los Angeles para viajar en motocicleta al otro extremo de los Estados Unidos y una vez más la maldición de la familia Monroe volvió a aflorar junto a su perenne silueta de libertad, porque Gladys no pudo soportar por mucho tiempo los llantos nocturnos de su hija y las ataduras que ésta le ocasionaba y decidió dejarla en calidad de acogida en casa de Albert e Ida Bolender, un matrimonio de fanáticos e incansables evangelistas que creían haber venido a este mundo para acercar a Dios a todo el que quería escucharlos. En realidad los Bolender no se hicieron cargo de la pequeña, ni de otros niños que también tenían a su cuidado por caridad ni por su supuesto espíritu religioso, sino por la subvención que recibían de la Hacienda norteamericana o de sus padres naturales, que sumado al pequeño sueldo que cobraba Albert como cartero les permitía vivir holgadamente. En este caso, Gladys pagaba 25 dólares mensuales para ayudarlos en la manutención de su hija y los Bolender se convirtieron así en los padres adoptivos de Norma Jean durante siete años. Incluso el 6 de diciembre de 1926, Ida actuó como madrina junto a la abuela de la niña, Della May, cuando fue bautizada en la iglesia Gospel Foursquare, en Hawthorne.

Cuando Norma tenía tan sólo un año de edad ya sucedió uno de los acontecimientos contradictorios que más han acompañado a las biografías de Marilyn Monroe, y es el que hace mención a la visita que realizó su abuela materna una tarde de agosto de 1927 a la casa de los Bolender para ver a su nieta. Della May se encontraba bajo los efectos de los medicamentos que tomaba para hacer más llevadera su depresión y llamó a la puerta de la vivienda en repetidas ocasiones, pero como nadie contestó a los golpes que daba rompió el cristal de una ventana. El ruido alertó a los vecinos, que creyeron que alguien había entrado a robar y llamaron a la policía. Los agentes encontraron a la mujer dentro de la casa, asustada y en estado de *shock,* exactamente en la habitación en la que dormía Norma. Este incidente real, que en honor a la verdad no tuvo la menor importancia, ha sido exagerado por la mayoría de los biógrafos de la actriz, e incluso la misma Marilyn en alguna ocasión comentó que su abuela fue detenida cuando estaba intentando asfixiarla con una almohada.

Después de este suceso, Della May fue encerrada en un sanatorio psiquiátrico de por vida y Gladys, que apenas había ido a ver a su hija, comenzó a visitarla casi todos los sábados al salir del trabajo. Pero cuando el 15 de agosto de 1928 se hizo efectiva la sentencia definitiva de su divorcio con Martin Edward Mortenson, parece que también se rompieron los lazos que mantenía con Norma y los encuentros con la pequeña se fueron espaciando cada vez más. Ya por aquellas fechas, no se sabe si por despecho hacia Martin, Gladys aseguraba que el padre natural de Norma no era Mortenson, sino un atractivo y mujeriego panadero ambulante llamado C. Stanley Gifford, quien por supuesto ignoraba que tuviera una hija correteando por el jardín de los Bolender.

Sin el cariño de su familia, Norma volcó toda su afectividad en un perro abandonado que la seguía a todas partes y al que bautizó con el nombre de *Tippy.* El animal no sólo se convirtió en su mejor y único compañero, sino que con el tiempo también sería el protagonista de una redacción titulada *El perro, el mejor amigo del hombre*, un relato corto escrito por la pequeña con el que obtuvo como premio una pluma estilográfica.

Marilyn también ha relatado en reiteradas ocasiones que por esta época tuvo un sueño en el que aparecía desnuda en el interior de una iglesia llena de gente y que todos los presentes estaban tendidos a sus pies. La futura actriz caminaba sobre ellos utilizándolos como alfombra, mientras sentía una intensa sensación de libertad. Probablemente este sueño está relacionado con su primera representación teatral, cuando tenía seis años y formó parte de un grupo de niñas vestidas con una capa negra. Todas ellas debían formar una cruz y quitarse el manto dejando al descubierto un vestido blanco inmaculado. Pero a Norma se le olvidó deshacerse de la capa y se quedó en el centro del escenario dibujando una marca negra en mitad de la cruz blanca. Como los Bolender le habían inculcado unos rígidos sentimientos religiosos y un profundo temor a Dios, la niña creyó que a partir de entonces Jesús la iba a castigar de por vida. Y no le faltaron motivos para pensar así porque una cascada de acontecimientos pareció conducir su existencia hasta el mismísimo infierno.

III.   EN BUSCA DE UN HOGAR

A pesar de llevar mis labios pintados de rojo, de mi maquillaje y de mis curvas precoces, me consideraba tan poco sensual como un fósil. Pero parecía que la gente opinaba de manera bastante distinta (Marilyn Monroe).

El primer disgusto que recibió Norma fue la muerte de *Tippy,* al que un vecino disparó con una escopeta de caza diciendo que el perro había entrado en su propiedad. Y cuando aún no le había dado tiempo a secar sus lágrimas, los Bolender decidieron no seguir acogiéndola en su casa porque veían que se estaba convirtiendo en una niña muy atractiva y sus encantos naturales podían atraer los malos instintos de los hombres.

Ante esta inesperada situación Gladys tuvo que hacerse cargo de su hija por primera vez en su vida, un hecho que a Norma Jean le causó más tristeza que ilusión, porque al fin y al cabo se iba a vivir a un pequeño apartamento con una mujer a la que apenas conocía y que además fumaba, bebía alcohol y bailaba con hombres, tres vicios que chocaban frontalmente con la filosofía de los Bolender a la que ella estaba acostumbrada. Pero este reencuentro con su madre también la introdujo directamente en el amor por el séptimo arte, porque la pequeña casa en la que vivían estaba situada en el corazón de Hollywood, muy cerca del trabajo de Gladys, iba al cine todos los fines semana y escuchaba atentamente las indicaciones que le hacía la inseparable Grace McKee, que en realidad era una actriz frustrada, sobre lo que veía en la pantalla y, sobre todo, lo importante que era tener el mundo a sus pies tal y como hacía Jean Harlow delante y fuera de las cámaras, una estrella que pronto se convirtió en la favorita de la pequeña Monroe.

Gladys no tardó mucho tiempo en comprar una casa más grande para que las dos estuvieran más cómodas, ya que donde vivían no dejaba de ser algo más que una pequeña habitación. Pero como el sueldo que recibía de los estudios no era suficiente para pagar al banco decidieron alquilar la mitad de la vivienda, que fue ocupada por los Atkinson, una familia de actores británicos que solían aparecer como figurantes en filmes de toda clase de géneros. En ellos Norma encontró a tres personas —el matrimonio y el hijo—, que le hablaban sin parar de todos los entresijos del cine, desde la fábrica de sueños que aparecía en la gran pantalla hasta el extraño mundo que se escondía detrás de los decorados de cartón piedra y que nunca se veía reflejado en las imágenes. Sus relatos eran tan apasionantes y emotivos que la niña decidió convertirse en actriz.

Pero una vez más la maldición de la capa negra y el vía crucis al que se había visto condenada desde que actuó en la función teatral de la escuela volvió a asomar en el escenario de su vida, porque cuando apenas había cumplido los once años, su madre siguió los pasos de su abuela y fue ingresada en el mismo sanatorio psiquiátrico aquejada de una profunda depresión que terminó en una locura permanente. Norma comenzó así un viaje por distintas casas e instituciones que marcarían el destino de una infancia tan insegura como infeliz. Primero Grace, que ya había iniciado los papeles para hacerse cargo de la tutela de Norma, se trasladó al domicilio familiar para vivir con ella, pero antes de cumplirse medio año del ingreso de su madre en el hospital, la familia Atkinson al completo abandonó la habitación que tenían alquilada y sin el ingreso mensual del dinero que recibían por el alquiler se vieron obligadas a vender la casa. Después las autoridades obligaron a Norma a pasar dos meses con la familia Giffeen, que, al igual que los Bolender, tenían como fuente de ingresos el dinero que les pasaba el Estado por la adopción de niños. Durante ese corto periodo de tiempo Grace consiguió finalmente su tutoría y se convirtió en la representante legal de todos los bienes de Gladys. De de esta forma Norma pudo por fin trasladarse legalmente a la casa de Grace.

Pero tampoco le duró mucho esta alegría, ya que en el verano de 1935 Grace contrajo matrimonio con un actor secundario de cine llamado Ervin Godard, que estaba divorciado y tenía tres hijos a su cargo. Este hombre nunca comprendió cómo su esposa había aceptado la responsabilidad de una niña que no era su hija y que no pertenecía a su familia directa, y después de varias discusiones y como única solución para salvar su matrimonio, Grace aceptó que Norma ingresara en el orfanato de Los Angeles.

Probablemente ésta fue la puntilla para una niña que buscaba con ansia la estabilidad familiar y que cuando estaba a punto de tocarla con los dedos siempre desaparecía como por arte de magia. Hasta entonces la vida real la había privado de la ternura que necesitaba, y precisamente esa falta de cariño dio alas a la fantasía y a la imaginación que comenzó a desarrollar continuamente para escapar de la etapa más triste de su vida, como ella misma confesaría más tarde. Siempre soñaba que su madre aparecería algún día para sacarla de allí y que sería feliz después de triunfar como actriz en Hollywood. Gracias a esta vía de escape, Norma pudo superar los baños de agua fría y los duros trabajos que realizaba en la

Marilyn Monroe nació en Los Angeles en 1926 y murió en Brentwood en 1962 por causas rodeadas de misterio.

cocina del centro. Según sus profesores era una niña normal, que se comportaba correctamente y parecía bastante inteligente, aunque solía tropezar en inglés y matemáticas. Poco a poco Norma se fue transformando en una muchacha introvertida, seria y poco habladora, que dedicaba la mayor parte de su tiempo libre a escribir y leer poesía, hasta el punto de que sus compañeros le pusieron el apodo de «Ratón», porque apenas hablaba con ellos.

En junio de 1937 quien fue a sacarla del orfanato no fue su madre sino Grace McKee, que había atravesado por serios problemas de conciencia y finalmente había conseguido que su marido entrara en razón. Pero cuando Norma llegó de nuevo a la casa de Grace ya había cumplido los once años de edad y su cuerpo comenzaba a cambiar hacia la pubertad. Y aunque no se sabe si sucedió en la realidad o fue una más de las muchas invenciones de las que hacía gala constantemente —entre ellas mantenía que era descendiente directa por parte de madre del que fuera presidente de los Estados Unidos James Monroe—, Norma acusó a Ervin de manosearla para intentar que el matrimonio se enfrentara entre sí. Pero estos maquiavélicos planes se volvieron contra ella y Grace depositó a la niña en la casa de su tía Ida Martin. De nuevo unas extrañas acusaciones de abusos sexuales, nunca demostradas, condujeron a la supuesta víctima a la vivienda de Edith Ana Atchinson Lower, también familiar de Grace, que la trató realmente como si fuera una hija suya. Por fin Norma encontró un verdadero hogar, en el sentido más amplio de la palabra, y en el dúplex situado en la zona oeste de Los Angeles fue realmente feliz. Pudo hacer una vida normal, iba al colegio y cuando volvía a casa encontraba a los personajes de la madre y de la abuela, que tanto había necesitado, reunidos en la persona de Ana Lower. Años más tarde, cuando Marilyn ya había triunfado como actriz, recordaría esta etapa de su infancia con las siguientes palabras: *Ana me cambió la vida. Gracias a ella por primera vez sentí que alguien me quería de verdad.* Poco a poco, la niña se fue integrando como una alumna más de la escuela Van Nuys y destacó especialmente en periodismo, porque aunque hoy parezca una ironía más de su vida, fue rechazada por el departamento de arte dramático del colegio para participar en las funciones de teatro. Un hecho que no sucedió con Jane Russell, que a muy temprana edad ya pudo sobresalir como una prometedora actriz en ese centro escolar.

Cuando empezó el curso siguiente, Norma ya se había convertido en una jovencita muy atractiva, era morena, medía un metro sesenta y cinco centímetros y solía vestir con jerseys negros y blusas muy ajustadas; además, casi nunca utilizaba sujetador y al andar se contoneaba moviendo sus caderas de una forma rítmica y sensual. No es de extrañar que los jóvenes se pararan para mirarla cuando paseaba por la calle y que fuera una de las alumnas más deseadas por sus compañeros de colegio. Pero durante ese curso, lo más importante para ella fue cuando tuvo que pasar una temporada en casa de Grace, ya que Ana Lower había caído enferma, en concreto de una dolencia del corazón de la que ya nunca se recuperaría completamente, y conoció a Beebe Godard, la hija del marido de Grace, que en esos momentos estaba viviendo con ellos. Ambas iban al mismo colegio y entablaron una amistad tan intensa que, según Beebe, ella no fue sólo quien la enseñó a pintarse los labios y a darse colorete en las mejillas, sino que también fue quien le contó algunos hechos que le habían pasado cuando era una niña, y que más tarde Marilyn adaptaría según su conveniencia como si fueran propios. En este apartado se podrían inscribir los intentos de abusos sexuales y los baños de agua fría que le habían aplicado en el orfanato, y otros muchos que se iban colando por los resquicios de su existencia hasta comenzar a formar el personaje de Marilyn, una figura que destacó especialmente por su gran magnetismo para confundir a los espectadores sobre un pasado en el que se mezclaban a partes iguales verdad, fantasía y mentira.

IV. MATRIMONIO DE CONVENIENCIA

A Norma le encantaba el sexo, para ella era tan natural como desayunar por las mañanas y cuando yo regresaba del trabajo me arrastraba hasta la habitación (Su primer marido, Jim Dougherty).

Durante el curso 1941-1942 Norma Jean se convirtió definitivamente en una auténtica mujer. Su infancia había sido tan difícil que prácticamente pasó de un salto la pubertad y su época más juvenil. Sólo tenía quince años cuando conoció a Jim Dougherty, un atractivo jugador de fútbol que traía locas a la mayoría de las chicas de la escuela Van Nuys. Jim era de ascendencia irlandesa, cinco años mayor que Norma y bastante educado. Al salir de clase solía acompañar a la joven a su casa y muy pronto su rostro y su presencia se hicieron familiares tanto en los domicilios de Grace McKee como de Ana Lower, y las dos mujeres no tardaron en aprobar una relación seria entre Norma y ese joven atlético y robusto, aunque sabían que ella no estaba enamorada.

Al año siguiente Jim abandonó la escuela y comenzó a trabajar en una factoría de aviones. Una situación que parecía llovida del cielo, porque con un trabajo estable que le permitía mantener una familia el joven se presentó como la solución más idónea ante el gravísimo problema que había surgido. Y es que Grace y su marido debían trasladarse urgentemente a Hollywood por cuestiones de trabajo, y Ana Lower aún permanecía enferma. Aunque Norma momentáneamente podía vivir con ella en su casa, la mujer podía recaer en cualquier momento e ingresar de nuevo en el hospital, un percance que le podía costar a la joven volver al orfanato hasta cumplir los dieciocho años de edad. Así, prácticamente en una semana, Grace y Ana urdieron un plan para que Norma, que acababa de cumplir 16 años, y Jim se convirtieran en marido y mujer, a pesar de la oposición inicial de la novia.

De esta forma se repetía una vez más la historia familiar que había comenzado su madre al contraer un matrimonio prematuro para encontrar un hogar que le diera estabilidad. La ceremonia se celebró el 19 de junio de 1942 a las 8:30 de la tarde. Norma lucía un vestido blanco, que le había regalado Ana, y Jim un traje prestado. Los recién casados se trasladaron a vivir a un pequeño apartamento de una sola habitación que Jim había alquilado unas semanas antes en Sherman Oakss 4524, al norte de Ventura Boulevard. Norma, que parecía resignada ante su nuevo *estatus*, como confesaría años más tarde al declarar: *No me dejaron otra alternativa, como no podían mantenerme tuvieron que inventar algo y la única solución fue casarme*, intentó desde el primer momento ser una auténtica ama de casa, pero a pesar de sus buenas intenciones pronto se demostró que la cocina no era lo suyo precisamente, y al margen de decorar los platos con los alegres colores de guisantes, zanahorias y lechugas nunca consiguió que la comida estuviera al gusto de su marido. Por entonces, las discusiones entre ellos eran tan frecuentes como insignificantes, principalmente por la falta de seguridad que Norma demostraba a cada momento y que intentaba solucionar dejando cariñosas notas a su marido escondidas entre los papeles que utilizaba para envolver su almuerzo.

Al cumplir su primer aniversario, unos amigos regalaron a Norma una perra de raza *collie* a la que llamó *Muggsie* y su vida cambió por completo. Comenzó a estar mucho más animada y recuperó parte de la seguridad que había perdido. Antes de finalizar el año, Jim se enroló en la marina de los Estados Unidos para participar en la Segunda Guerra Mundial. Su primer destino fue la isla de Santa Catalina, donde trabajó como instructor físico. Pocos días después consiguió todos los permisos para traer junto a él a su esposa y a *Muggsie*. Probablemente ésta fue la época más feliz que pasaron juntos, los dos se bañaban y hacían deporte continuamente, incluso a Jim no parecía importarle que su mujer fuera el centro de atención de los otros marines y que en las fiestas que se organizaban en la base militar los fines de semana bailara con algunos compañeros suyos.

Pero la guerra duraba más de lo previsto y Jim tuvo que pasar a un nuevo destino, esta vez en las lejanas aguas australianas del Pacífico. Los dos abandonaron la casa que habían ocupado en Santa Catalina y mientras él partía en una fragata en dirección a Townsville, ella ocupaba una pequeña habitación en la vivienda de su suegra, junto a *Muggsie*, a la que acomodaron en el patio trasero. A los pocos meses, la madre de Jim, Ethel Dougherty, le buscó un trabajo a Norma en Radio Plane, la fábrica que hacía paracaídas para el ejército en la que ella trabajaba como enfermera. Norma debía comprobar el estado de la tela con que se fabricaban los paracaídas y le resultó tan cómodo y gratificante su trabajo que llegó a tener bordada un letra E en su uniforme como premio al empleado «Excelente». Por las tardes tenía por costumbre escribir casi diariamente a su marido, y siempre que Jim regresaba con permiso de un fin de semana recorrían la ciudad por la noche y se iban a dormir juntos a un motel.

Después de haber perdido parte de sus complejos y de haber ganado seguridad en sí misma, Norma decidió por fin ir a visitar a su madre al hospital de enfermos mentales de Norwalk State, pero cuando se colocó frente a ella, la mirada de Gladys siguió perdida y nunca más la reconoció. Ese mismo verano decidió conocer a su hermanastra Bernice, con la que ya se había carteado en más de una ocasión, y viajó hasta Chicago para hablar directamente con ella. Fijaron el encuentro en la estación de tren y aunque al principio la conversación fue bastante fría y un poco distante, según fue cayendo la tarde las dos hermanas ganaron confianza y Norma descubrió que el marido de Bernice se llamaba Paris, que tenía una niña a la que bautizaron con el nombre de Mona Rae y que su hermanastro Jackie había muerto a los catorce años de edad. Después de esta sorprendente e inesperada reunión, la vida de Norma cambió de forma radical. Sabía que tenía una familia al margen de la de su marido, que había recuperado una hermana a la que creía perdida para siempre y que su madre, de la que ya sólo le quedaban los vagos recuerdos de cuando iban juntas al cine, nunca más la reconocería. El encuentro con Bernice había actuado de catarsis y a partir de ese momento decidió recuperar el tiempo y el cariño que había perdido en su infancia.

V. FOTOGRAFÍAS QUE CAMBIARON UNA VIDA

Ficha de Marilyn Monroe incluida en el catálogo de la agencia de modelos Blue Book el 2 de agosto de 1945:
— *Estatura: 1,68 m.*
— *Peso: 53,5 kg.*
— *Medidas: 91-61-86.*
— *Talla: 12.*
— *Color de pelo: castaño claro.*
— *Color de ojos: azules.*

Poco podía imaginar Norma que aquella mañana el hombre con uniforme militar que se acercaba a ella iba a cambiar su vida por completo. Su nombre era David Conover y su graduación cabo primero, perteneciente a la Unidad de Cine del ejército norteamericano. Hacía un día agradable y Norma había salido a la puerta de la fábrica a tomar el sol después de comerse el bocadillo del almuerzo cuando David se presentó como fotógrafo profesional, que en esos momentos estaba realizando un reportaje sobre las mujeres que trabajaban para el ejército, y le pidió que posara para su cámara. Norma Jean amplió aún más su sonrisa y comenzó a moverse como una modelo profesional. Conover se dio cuenta rápidamente de que la concepción de la vida y del mundo de la mujer que tenía frente a él se originaba y se asentaba en la imagen. Era una de las mujeres más fotogénicas que había conocido y lo que iban a ser un par de instantáneas se convirtieron en decenas de carretes en los que Norma aparecía en diferentes poses y siempre radiante. La complicidad entre Conover, Norma y la cámara fue tan grande que durante las semanas siguientes la joven acudía asiduamente al estudio del fotógrafo al salir del trabajo para posar ya de forma particular y casi profesional. Esas navidades su marido Jim le regaló un coche Ford de segunda mano y ella un *book* de fotografías realizadas por David.

En un principio a Jim no le importó que su mujer apareciera fotografiada en las revistas *Swank* y *Peek* ni que quisiera convertirse en modelo

23

profesional si eso la hacía feliz, pero no ocurría lo mismo con su suegra Ethel, a la que ya le habían informado de que Norma faltaba con asiduidad a su trabajo diciendo que se encontraba enferma, cuando en realidad estaba realizando sesiones fotográficas. Cuando Jim volvió a su base en el Pacífico, los enfrentamientos entre nuera y suegra se hicieron tan intensos que Norma decidió irse a vivir de nuevo a casa de Ana Lower. Poco a poco la correspondencia entre Jim y Norma se fue espaciando cada vez más, y a pesar de que por fin él había consentido en ampliar su familia con niños, el futuro artístico de Norma parecía que se encauzaba definitivamente, sobre todo después de que un colega de David Conover, llamado Potter Huett, llevara un reportaje fotográfico de ella a Emmeline Snively, una de las máximas dirigentes de la prestigiosa agencia de modelos Blue Book, que además tenía una considerable y considerada fama por descubrir a algunas de las actrices cinematográficas más famosas del momento.

Emmeline Snively vio en la belleza natural de Norma a una posible candidata a modelo, incluso a actriz, y la dijo que debía inscribirse en un curso nocturno de tres meses, donde le enseñarían a moverse adecuadamente y a actuar delante de las cámaras. La matrícula costaba cien dólares, y como Norma no tenía esa cantidad de dinero, llegaron a un acuerdo por el cual ella iría pagando poco a poco la inscripción con el sueldo de sus futuros trabajos. Norma había cambiado por completo, y no sólo físicamente, ya que los estilistas le enseñaron a sacar el máximo partido de su físico y de sus gestos: cómo tenía que sonreír, cómo debía pintarse para resultar más graciosa su nariz o cómo debía peinarse para tener una aspecto más o menos juvenil, dependiendo de las exigencias del cliente. Además, ya le aseguraron que su lado bueno era el derecho, para que intentara mostrarlo siempre que tuviera oportunidad, una observación que llegó a obsesionarla durante el resto de su vida.

Evidentemente, cuando Jimmy volvió a ver a su mujer se encontró con una persona que no conocía. Norma había aparecido muy sonriente en las portadas de *Laff* y *See* y como modelo ya había ganado sus primeros dólares presentando artículos de aluminio, prendas deportivas que se ceñían a su silueta y hasta un avión para American Airlines. Todo había cambiado para ella y apenas había tenido tiempo para escribir a su marido, y Jim, que ya sabía todo lo que estaba pasando por las noticias que le llegaban de su madre, comprendió que su matrimonio comenzaba a hacer agua definitivamente.

VI.   UNA RUBIA PLATINO LLAMADA NORMA JEAN

Cuando se presentó ante mí era una persona agradable y no encontré en ella nada que me llamara la atención de forma especial. Pero cuando se puso delante de la cámara su rostro se iluminó completamente. Ya todo fue diferente... Mandé que le arreglaran un diente irregular y su pelo horrible. Al final fue una modelo tan buena que la utilicé durante años (Laszlo Willenger, director de fotografía publicitaria).

En el otoño de 1945, Emmeline Snively envió a Norma a trabajar con el fotógrafo de moda húngaro André de Diennes, que tenía una gran influencia en Hollywood. Para realizar el reportaje viajaron juntos por el oeste de los Estados Unidos, donde encontraron unos escenarios naturales tan idílicos como bucólicos en los que retrató a Norma vestida de blanco, muy sonriente y junto a un corderito recién nacido. Posteriormente, el 26 de abril de 1946, una de estas fotografías sería la portada de la revista *The family circle*. Pero este viaje no sólo ayudó a asentar y aumentar el prestigio de Norma como modelo publicitaria, sino que también consiguió que el corazón de André de Diennes latiera más rápido de la cuenta, porque el gran fotógrafo se había enamorado perdidamente de ella y ni siquiera cuando regresó a Nueva York pudo quitársela de la cabeza.

El siguiente trabajo de Norma parecía bastante rutinario, ya que se trataba de presentar la campaña publicitaria de una popular marca de champú, pero un mínimo y nimio detalle iba a cambiar completamente tanto su imagen como su destino. Y es que los responsables de la empresa creyeron que la mejor forma de impulsar y mostrar todos los efectos beneficiosos de sus productos era luciéndolos en modelos que fueran rubias, porque el color de sus cabellos daba más sensación de naturalidad y limpieza, por lo que Norma debía teñirse el pelo si quería aparecer en la campaña. En un principio Norma se negó en redondo y sólo consintió en aclarar su melena por la imperativa intervención de Emmeline Snively. Sin embargo, cuando vio en el espejo los sorprendentes resultados que habían sacado de su físico en la popular peluquería Frank & Joseph, quedó tan sorprendida y maravillada que decidió mantener en su cabeza ese color rubio platino para el resto de su vida. Pero no fue sólo Norma la única impresionada, porque cuando Emmeline observó las fotografías de sus primeros planos comprendió que el rostro que tenía frente a ella estaba marcado por un destino especial que iba más allá de su fama como modelo, y en ese preciso momento decidió entrar en él por muy arriesgados planes que tuviera que utilizar.

Sin embargo, al que no le causó una sorpresa tan agradable fue a su marido, Jim, que cuando regresó a su casa en el mes de diciembre para disfrutar del permiso de Navidad se encontró de frente con una mujer que no reconocía como su esposa, porque al margen de la transformación física su estado de ánimo también había experimentado un cambio radical. Siempre estaba risueña, desbordaba vitalidad y energía, se lavaba la cara varias veces al día, se aplicaba crema Nivea constantemente para hidratar su piel y gastaba en ropa y perfumes todo lo que ganaba en la agencia. Jim estaba tan sorprendido que no sabía cómo reaccionar y sólo cuando Snively llamó a Norma para decirle que De Diennes la solicitaba para un nuevo reportaje fotográfico el desconcierto inicial se transformó en cólera y Jim se negó en redondo a que su mujer le dejara solo esas navidades. Ya más calmado, Norma le dijo que iba a cobrar 100 dólares semanales y que esa cantidad tan importante les permitiría recuperarse de su precaria economía. Sólo entonces Jim aceptó a regañadientes esa separación, sin sospechar que André De Diennes estaba obsesionado con su mujer y que durante el viaje iba a intentar conquistarla a toda costa.

El reportaje fotográfico se realizó en Zuma Beach, en el desierto de Mojave y en las nevadas montañas de Monte Hood, donde Norma aparecía en bañador, generalmente muy sonriente y de nuevo con el color castaño de su pelo natural. Los motivos fueron de lo más variado, ya que cuando no posaba vestida de escaladora lo hacía jugando con un pájaro o tapándose con una toalla en una serie de fotografías que posteriormente serían publicadas en las revistas *US Camera*, *Pageant*, *Films Tour Tous*, *Parade*, *Picture Post* y *Art Photography*. Cuando el viaje y el año ya estaban llegando a su final, Norma pidió a André que por favor la acompañara a visitar a su madre, ya que se encontraban cerca del hospital psiquiátrico. Pero una vez más Gladys, que ya no se podía valer por sí misma y debía permanecer en una silla de ruedas, no la reconoció. Este hecho aumentó aún más la sensibilidad de Norma, que estaba muy triste porque era Navidad y se acordaba de Jim continuamente, y De Diennes aprovechó ese pequeño resquicio sentimental para convertirla esa misma noche en su amante.

Cuando depositó a Norma en su casa, André fingió no darle importancia a lo que había pasado y le comentó que entre ellos no existía ningún tipo de relación sentimental. Pero el fotógrafo no estaba diciendo la verdad, porque cuando regresó a Nueva York, donde tenía su estudio, contrató a una agencia de detectives para que siguieran a su amante desde las primeras horas de la mañana hasta las últimas de la noche. Así pudo comprobar que Norma no era mujer de un solo hombre y que era capaz de mantener un *affaire* con el fotógrafo Williams Burside al terminar una sesión de trabajo o mostrar su cuerpo semidesnudo al dibujante Earl Moran, un especialista en diseñar los célebres calendarios de Brown & Bigelow. Precisamente estas fotos que Moran hizo a Norma serían objeto de culto varios años más tarde, cuando la joven ya era una reputada actriz conocida como Marilyn Monroe.

En la primavera de 1946 Norma se había convertido por méritos propios en una cotizada modelo que volvía locos a los hombres y desprendía a partes iguales simpatía, belleza, alegría y exuberancia, y Emmeline Snively, que no era ajena a sus encantos y a la gran atracción que su pupila despertaba, creyó que ya había llegado la hora de transformarla definitivamente en una estrella. Primero le hizo firmar un contrato con la *National Concert Artist Corporation* y después contactó con Hedda Hopper y Louella Parsons, dos populares columnistas que recogían toda clase de rumores sobre el mundo del cine, para decirles que una de sus modelos estaba manteniendo una relación sentimental con el multimillonario y productor cinematográfico Howard Hughes.

Definitivamente Norma estaba aterrizando en ese mundo lleno de *glamour*, que tanto la atraía, por la puerta grande. Sólo había una persona que desentonaba en aquel paraíso de ensueño y era su marido Jim.

VII.   NACE MARILYN MONROE

El primer efecto que tuvo el matrimonio sobre mí fue aumentar mi des-
interés por el sexo, en cuanto a mi marido o no le importaba o no se que-
ría dar cuenta, porque ambos éramos demasiado jóvenes para hablar seria-
mente de este tema (Marilyn Monroe, en referencia a su primer matrimonio).

Cuando Jim volvió a disfrutar de un nuevo permiso no había nadie espe-
rándole en la estación con los brazos abiertos y tuvo que volver él solo
caminando a su casa. Durante los días siguientes apenas vio a Norma un
par de horas y la relación se hizo ya insostenible cuando una tarde apareció empujando la silla de ruedas de su madre, Gladys, junto a su hermanastra Bernice, que llevaba en brazos a su sobrina Mona Rae. Norma le
dijo a Jim que debía irse a dormir a la casa de su madre porque allí no había
sitio para todos, y su marido comprendió que lo que en realidad quería su
mujer era deshacerse de él de la manera más pacífica y natural posible.

Mientras Norma disfrutaba de la compañía de su familia y se distan-
ciaba definitivamente de su marido, su rostro fue portada de la revista
Laff, cuyos titulares se preguntaban quién era esa joven rubia platino que
había robado el corazón a Howard Hughes. Los ambiciosos planes que
Emmeline había preparado para ella iban a las mil maravillas; hasta la
misma Norma había apartado de su lado y de motu propio a su marido
Jim. Ahora ya sólo faltaba buscarle un agente para que la representase de
manera oficial entre los altos ejecutivos de Hollywood.

A mediados de julio de 1946 Norma acudió a una entrevista con Ben
Lyon, un antiguo actor reconvertido en director de reparto para la Fox.
Las oficinas de Lyon siempre estaban llenas de jovencitas cargadas de
ilusión porque sabían que era el mejor cazador de nuevos talentos cinematográficos que había en ese momento. El primer examen que tuvo que
pasar Norma fue leer un pequeño párrafo del guión de *Cita en los cielos*
(*Winged victory*), un filme ambientado en el mundo de la aviación que
había llevado a la pantalla grande George Cukor dos años antes, y los
resultados fueron tan satisfactorios que inmediatamente se preparó un
pequeño decorado en el mismo estudio donde Betty Grable y Dan Dailey

estaban rodando el musical *Siempre en tus brazos* (*Mother whore tights*) a las órdenes de Walter Lang, para realizar una prueba ya ante las cámaras en color y sin sonido. Fueron el propio Lang y el director de fotografía Leon Shamroy los encargados directos de esta pequeña grabación. Norma debía pasear lentamente antes de sentarse en un pequeño taburete, después encendía un cigarrillo y miraba fijamente a la cámara. Se levantaba y de forma elegante y parsimoniosa se acercaba a una ventana. Todos los presentes se quedaron impresionados por el erotismo que desplegaban sus oscilantes movimientos de cadera. Hasta el propio operador Maurice Zootow, que grabó con su cámara estas primeras imágenes cinematográficas de Norma, llegó a declarar años más tarde: *Sentí como un escalofrío. Esta chica tenía algo que yo no veía desde las películas del cine mudo. Era una especie de belleza fantástica como la de Gloria Swanson, cuando las estrellas de cine tenían que verse bellas, y en un solo corte de película irradiar tanto sexo como Jean Harlow.*

Cuando el jefe de producción y luego máximo mandamás de la Fox, Darryl Francis Zanuck, vio esta pequeña interpretación le dijo a Ben Lyon que contratara a esa joven inmediatamente, y el 23 de agosto de 1946, después de que Grace como tutora legal autorizara su firma —ya que aún no había cumplido los 21 años y por lo tanto no era mayor de edad—, Norma Jean Mortenson pasó a formar parte oficialmente de la Twentieth Century Fox. El salario estipulado era de 125 dólares semanales, como el de la mayoría de las jóvenes que firmaban su primer contrato, con una duración de seis meses, renovables por otros seis con el doble de sueldo.

Sin embargo, a los pocos días de firmar el contrato Ben Lyon citó a Norma en su despacho para resolver un pequeño contratiempo que no tenía nada que ver con sus primeras actuaciones cinematográficas, y era el nombre artístico que debía adoptar la futura actriz, ya que hasta entonces había aparecido de modelo como Norma Jean, Norma Jean Baker, Jean Norma o Norma Jim Dougherty. Tras la primera negativa de Norma para ser bautizada con una nueva denominación, finalmente accedió a cambiar su apellido de soltera Mortenson por el materno de Monroe, y el nombre de Norma Jean por el de Marilyn, ya que a Lyon le recordaba de alguna manera a la actriz Marilyn Miller, fallecida en 1936. Sin embargo, este cambio de nombre y apellido no se haría oficial hasta una década más tarde, concretamente el 23 de febrero de 1956, cuando el tribunal de la Ciudad y Estado de Nueva York permitió legalmente a la actriz cambiar el nombre de Norma Jean Mortenson por el de Marilyn Monroe.

El nombre elegido para ella le resultó al principio tan extraño que, cuando se acercó el primer espectador a pedirle una autógrafo, Marilyn no sabía si debía escribir primero la «y» griega o la «i» latina.

VIII.   ADIÓS, JIM, ADIÓS

Mi matrimonio duró cuatro años y al principio nos llevamos muy bien porque ella dependía de mí, pero desde luego no volvería a casarme con una actriz por nada del mundo (Su primer marido, Jim Dougherty).

Pendiente únicamente de su carrera, Marilyn ya apenas se carteaba con su marido, Jim, y una de las últimas veces que lo hizo fue para decirle que su perrita *Muggsie* se había muerto y que a pesar de haber sido feliz a su lado le solicitaba el divorcio. Pocos días más tarde Jim recibió la documentación de un abogado de Las Vegas para separar definitivamente su vida de la de Marilyn, como si este nuevo nombre no albergara ya a la Norma Jean con la que él se había casado.

Cuando Jim abandonó el *Yagtse,* el barco en el que estaba destinado, y regresó de nuevo a su casa por un corto permiso, su intención era solucionar todos los problemas que tenía con su esposa e intentar convencer a la que ahora se hacía llamar Marilyn del error que estaba cometiendo, ya que él estaba dispuesto a abandonar el ejército para formar una familia. Pero cuando los dos se encontraron cara a cara, todos estos planes y buenas intenciones se esfumaron como la espuma porque su mujer apenas le dirigió la palabra ni le miró a los ojos, sólo salió atropelladamente para irse a trabajar diciéndole que el divorcio era la mejor solución para los dos y que ella prefería seguir con su carrera antes que continuar con su matrimonio.

De nuevo en la base del Pacífico, Jim firmó los papeles que le apartaban de por vida de Norma y el 13 de septiembre de 1946, ante el juez A. S. Henderson, el matrimonio se divorciaba oficialmente en Las Vegas. Como es lógico Jim no estuvo presente en este acto y Marilyn alegó para justificar esta ruptura el deterioro que había experimentado su salud mental, ya que su marido se oponía a que ella trabajase fuera de casa, la había abandonado en reiteradas ocasiones y se había negado a crear un verdadero hogar. Pero al contrario de lo que creía Marilyn, su divorcio no aceleró su carrera artística y tuvieron que pasar varios meses antes de que apareciera por primera vez en la pantalla. Hasta entonces, visitaba diariamente los estudios, aprendía a maquillarse y observaba, siempre que podía, los rodajes de otras películas.

En 1947 Marilyn fue nombrada Reina de la Alcahofa de California, un título que aumentó aun más la fama que había conseguido como modelo y como nuevo rostro de la Twentieth Century Fox, lo que sin duda alguna ayudó para que ese mismo año apareciese como extra en dos películas: *The shocking Miss Pilgrin*, dirigida por George Seaton e interpretada por Betty Grable y Dick Haymes, que ya incidía en la igualdad de derechos entre el hombre y la mujer, y *You were meant for me*, una simpática comedia musical en la que Jeanne Crain y Dan Dailey pasean su romántica historia de amor por varias ciudades a las órdenes de Lloyd Bacon. El nombre de Marilyn Monroe no aparece en los títulos de créditos de ninguno de estos dos largometrajes y sólo se asoma a la pantalla muy brevemente como telefonista en el primero y de espaldas, bailando, en el segundo. También en 1947, y con un papel que apenas llega a alcanzar la consideración de secundario, la actriz intervino en la película de F. Hugh Herbert *Scudda-hoo! Scudda-hay!*, cuyo tema principal es la granja y el cariño que el joven protagonista siente hacia sus mulas. Inicialmente Marilyn intervenía en dos secuencias, pero una de ellas fue eliminada por intrascendente del montaje final y en la segunda aparece casi de forma imperceptible sentada en una barca de remos, aunque su nombre en esta ocasión sí se incluyó en los créditos del filme. Por entonces Marilyn Monroe se había ganado ya la simpatía de los fotógrafos en particular y del mundo de la prensa en general, hasta el punto de que los directivos de la Fox le renovaron el contrato por seis meses más y el Club de la Prensa le concedió el título de «*starlet* más prometedora del año».

En 1948, por primera vez Marilyn tiene un nombre en pantalla, el de Evie, e interpreta a una atractiva y juvenil camarera que trabaja en el local El nido de la ardilla en el educativo filme de Arthur Pierson *Dangerous years*. Marilyn luce uniforme y tiene el pelo largo, aunque su personaje no interviene en la melodramática trama de delincuentes juveniles que recoge el argumeno de la película. Pero de nuevo la carrera de la futura actriz no conseguía despegar, y aunque algunos directivos del estudio habían decidido colocarla como tercera candidata para ser lanzada al estrellato, la Twentieth Century Fox decidió no renovarle el contrato. A pesar de todo, Marilyn solía acudir a las fiestas más populares de Hollywood y se acostaba tarde y no siempre sola. Por la mañana se levantaba temprano para hacer ejercicio y mantenerse en forma por si en cualquier momento llamaba a su puerta el sueño que siempre había deseado, y mientras esa oportunidad llegaba volvió a trabajar de forma esporádica como modelo publicitaria para poder sobrevivir.

IX.   LA PROTEGIDA DE JOE SCHENCK

*Querida, tu inteligencia no se ha desarrollado en la misma propor-
ción que tu cuerpo* (Fred Karger, profesor de canto y amante de Marilyn
Monroe).

Otro de los rumores más contradictorios en la biografía de Marilyn es
el que hace referencia a su encuentro con Joe Schenck, uno de los fundadores de la Twentieth Century y posteriormente presidente del consejo de
administración de la Fox, cuando se fusionaron las dos compañías. Mientras
algunas versiones recogen que Marilyn interpretó uno de los papeles más
importantes y decisivos de su carrera cuando se encontró con él de manera
fortuita por la calle para demostrarle su valía como actriz, otras —la mayoría— incluyen a Pat DeCicco como el auténtico inductor de ese encuentro.

DeCicco era conocido en los ambientes hollywoodienses como uno
de lo proveedores de «chicas» en las fiestas que celebraban millonarios,
productores, directores y actores, y algunas de estas reuniones nocturnas
más célebres eran las que organizaba en su casa Joe Schenck, ya que
tenían merecida fama por la gran variedad de bellas jóvenes que acudían
a ellas en busca de conseguir su entrada en el cine a cambio de favores
sexuales y por las partidas de póker que se organizaban después de la
cena.

Desde el primer momento Marilyn intentó acercarse a Joe Schenck
sirviéndole las copas y riéndole sus gracias, hasta que consiguió que el
honorable «Tío Joe» se encaprichara de ella y se convirtiera en su protector dentro de la industria cinematográfica. Pero lejos de buscarle un
papel en sus estudios, la envió al despacho de Harry Cohn, el dueño de
Columbia Pictures, para que él le encontrara un hueco en algunas de sus
películas. La elegida fue *Las chicas del coro* (*Ladies of the chorus*), y
durante once días, tiempo que duró el rodaje, Marilyn pudo por fin demostrar sus verdaderas dotes artísticas cantando, bailando y, sobre todo,
actuando. La película, que en España sólo se estrenó en televisión, fue
dirigida por Phil Karlson y la actriz tomaba el relevo de Adela Jergens

como estrella de un teatro de variedades, mientras defendía su relación sentimental con un rico heredero en contra de la opinión de su madre. Fue el primer papel importante de Marilyn Monroe en el séptimo arte y aunque el propio Henry Cohn no quedó satisfecho con su trabajo, no opinó lo mismo el crítico cinematográfico del *Motion Pictures Herald*, que llegó a escribir: *Uno de los aciertos más brillantes de esta película son las canciones interpretadas por la señorita Monroe. Es una chica atractiva que promete mucho con su agradable voz y estilo.* Realmente fue la única opinión favorable de esta mediocre película, pero al menos se hablaba bien de Marilyn y en cierto modo había sacado fruto al trabajo que había realizado en el Actor's Lab, donde había llegado a interpretar las obras *Glamour preferred* y *Stage door,* y donde ya se había ganado la fama de llegar siempre tarde y de no saber memorizar los textos.

Durante el rodaje de *Las chicas del coro*, Marilyn mantuvo un romance con Fred Karger, compositor musical y profesor de canto y modulación asignado a la película, que la ayudó especialmente a interpretar los números musicales *Anyone can say I love you* y *Every baby needs a da-da-daddy*. Pero mientras la actriz creyó que había iniciado una bonita historia de amor con un posible final feliz, Karger sólo vio en ella a una «chica fácil» más que venía de la casa de Schenck para probar fortuna en el cine. Incluso Marilyn dejó el peligroso mundo de las fiestas nocturnas para demostrar que su amor iba en serio y que no le importaba abandonar a su poderoso protector para ser fiel a Fred.

Antes de recibir esas críticas favorables, los estudios rescindieron su contrato. Según Marilyn el motivo de tan sorprendente decisión fue porque no había querido aceptar la invitación de Henry Cohn para pasar un fin de semana con él en su yate. En otras circunstancias la actriz seguramente habría aceptado esa propuesta para tener una nueva oportunidad en el cine, pero como se había ido a vivir con Fred y su hijo a un apartamento situado en Sunset Boulevard y era feliz, decidió no tentar más a la suerte y por primera vez pudo más el amor que su profesión. Sin embargo, esta relación no llegó a durar más de un mes, porque Karger descubrió que Marilyn le mentía continuamente. No era nada grave, pero le hacía creer un montón de falsedades, especialmente sobre los problemas económicos que decía tener para que que le comprara la ropa y le pagara el arreglo y el blanqueo de dientes.

Además, antes de comenzar el rodaje de *Las chicas del coro*, Cohn le había presentado a Natasha Lytess, una temperamental profesora de arte dramático que había llegado de Alemania, junto a su esposo el novelista Bruno Frank, escapando del nazismo, aunque ella solía utilizar un inglés afrancesado con cierto acento ruso para evitar la rudeza de su idioma natal. A pesar de todas las críticas que se pudieran hacer sobre el rígido carácter de Natasha, la verdad es que su presencia e influencia resultaron imprescindibles para convertir a Marilyn en una verdadera estrella. Y precisamente fueron las continuas incursiones de la profesora en la vida personal de Marilyn la gota que colmó el vaso y rompió definitivamente la relación que mantenía la actriz con Fred Karger, porque apenas tenía tiempo libre para salir con su novio y cuando llegaba a su casa, ya tarde, continuaba ensayando y hablaba alargando las frases para pronunciar mejor las palabras. La vida de Marilyn quedó tan absorbida por Natasha que ni siquiera acudió al entierro de su querida tía Ana Lower, cuando falleció el 14 de marzo de 1948, y Fred fue perdiendo poco a poco la pasión que había sentido por ella, hasta el punto de que una de las veces que Marilyn le preguntó si algún día la haría su esposa, él respondió: *Francamante, querida, lo último que querría en esta vida sería dar a mi hijo una madre como tú.* Pocos minutos más tarde la pareja se decía adiós definitivamente.

X. DE JOE A JOHNNY

Es asombroso, parece que Mae West, Theda Bara y Betty Boop se hubieran convertido en una sola persona (Groucho Marx).

La verdad es que no le duró mucho la tristeza de esta separación a Marilyn Monroe, porque al mes siguiente, durante la celebración de la fiesta de Nochevieja en casa del productor Sam Spiegel, a la que acudió la flor y nata de Hollywood, conoció a Johnny Hyde, vicepresidente de William Morris, que se encontraba bastante malhumorado por la reprimenda que había recibido de Harry Cohn pidiéndole explicaciones por la fuga de Rita Hayworth, una de las actrices que representaba, a Europa en compañía del potentado príncipe Alí Khan.

Hyde era un hombre poco agraciado, bastante bajito y ya había pasado de largo la cincuentena, pero se había ganado el respeto y la admiración de toda la industria cinematográfica por su buen ojo a la hora de seleccionar futuras estrellas y, sobre todo, porque le reconocían como el auténtico descubridor de Lana Turner. Por lo pronto, Johnny consiguió lo que no había logrado Harry Cohn y era que Marilyn Monroe aceptara su invitación para pasar con él unas pequeñas vacaciones en Palm Springs. De esta forma, él ocupó la vacante dejada por Joe Schenck y ella encontró a un nuevo protector.

Cuando volvieron de esos días de asueto, y a pesar de que Johnny estaba casado, ya se les consideraba una pareja oficial e inseparable en los ambientes hollywoodienses. Alquilaron una casa en Beverly Hills y Johnny compró a Harry Lipton el contrato de Marilyn para representarla él personalmente. Lo primero que hizo fue llevar a su novia para que conociera a Lester Cowan, que iba a comenzar la producción de una película de los hemanos Marx, dirigida por David Miller y titulada *Amor en conserva* (*Love happy*), porque sabía que la Metro estaba buscando a una rubia explosiva para que apareciera brevemente en una de las secuencias finales del filme junto a Groucho Marx. La verdad es que la aparición de Marilyn dejó tan boquiabiertos a los espectadores como al propio Groucho en la pantalla y en tan sólo treinta segundos ya se había metido en el bolsillo a los productores de la película, que no dudaron en incluir su nombre en los anuncios publicitarios y junto a la frase: *Érase un detective tan privado, tan privado, que en su tarjeta de visita no ponía nada*, se añadió: *¿Se imagina una película con los hermanos Marx y la presentacion de Marilyn Monroe juntos?... Pues aquí la tiene, ¡Amor en conserva!*

La vida de Marilyn cambió por completo, porque todo el mundo quería saber quién era esa rubia que movia las caderas con tanto garbo delante de Groucho Marx, e incluso los críticos cinematográficos llegaron a escribir que ese bamboleo se producía de forma artificial porque la actriz se había cortado parte del tacón de uno de sus zapatos para conseguir el efecto deseado, un hecho desmentido en repetidas ocasiones por la protagonista, pero que ya forma parte de la leyenda de Marilyn Monroe.

A lo largo de un mes, la actriz recorrió gran parte de los Estados Unidos promocionando la película y haciéndose fotos, un trabajo que le reportó 300 dólares adicionales que se sumaron a los 500 que había recibido por aparecer treinta segundos en la pantalla. Pero después de este baño de multitudes la realidad la devolvió a su cauce habitual y como rechazaba continuamente las proposiciones de matrimonio que le hacía Johnny tuvo que volver a trabajar como modelo publicitaria para conseguir algo de dinero y poder comprarse sus caprichos, ya que su novio no dudaba en llevarla a los mejores hoteles y restaurantes, incluso le pagó unas pequeñas operaciones como ampliarle la mandíbula o retocarle la nariz, pero a la hora de comprar joyas y alhajas se transformaba en un auténtico tacaño. Marilyn posó para un anuncio de cervezas Pabst realizado por Tom Kelly, donde aparecía en bañador y jugando en la playa con un balón de vivos colores, y como entre ellos surgió una intensa química profesional aceptó posar desnuda para un calendario que iba a distribuir John Baumgarth. Para fotografiarla sin que nadie la reconociera, Kelly utilizó una iluminación especial y pagó a Marilyn 50 dólares por un trabajo de dos horas. Así es como Marilyn pasó a convertirse en una de las *pin-up* más famosas de Hollywood. Al margen de Baumgarth, que se quedó prácticamente con la serie de fotografías al completo, sólo la compañía Western Lithograph adquirió una instantánea más, pero lo más curioso del caso es que pocos días después unos ladrones entraron en el estudio de Tom Kelly y entre las pocas cosas que robaron estaban los negativos de las fotografías de Marilyn Monroe.

Mientras Johnny Hyde se mostraba inflexible a la hora de decirle que se casara con él, prometiéndole que heredaría la mayor parte de su fortuna, también le iba consiguiendo pequeños papeles en producciones de bajo presupuesto o consideradas de serie B para que se fuera curtiendo como actriz. Así, en el mes de agosto interpretó en *Billete a Tomahawk* (*A ticket to Tomahawk*), un *western* dirigido por Richard Sale para la

Twentieth Century Fox, que estaba protagonizado por Anne Baxter y Dan Dailey, el personaje de una joven corista que canta en grupo la canción *Oh, wath a forward young man*, pero en el resto de la cinta no dice una sola palabra.

Al mes siguiente Johnny y Marilyn visitaron los estudios de la Metro para que John Huston hiciera una prueba a la actriz en el filme de cine negro *La jungla de asfalto* (*The asfalt jungle*). Inicialmente la primera interpretación de Marilyn no salió como esperaba y el temperamental director, que desde el primer momento había pensado en Lola Albright para interpretar el papel de la amante de un abogado estafador, la rechazó. Pero la fortuna se alió una vez más con Marilyn y como Albright pidió unos honorarios desorbitados para una interpretación tan pequeña, Hyde consiguió que los estudios concedieran a su novia una segunda oportunidad, pero esta vez teniendo como testigo directo a Louis B. Mayer.

Para asegurarse el éxito, en esta ocasión Marilyn estuvo ensayando concienzudamente la prueba con Natasha y el resultado fue tan satisfactorio que el propio Mayer ordenó a Huston que la aceptara inmediatamente. El legendario realizador no sólo admitió a Natasha en el estudio para que ayudara a calmar los nervios de una alterada Marilyn, sino que aconsejó a la actriz que nunca perdiera la intranquilidad que mostraba en esos momentos e incluyó su nombre en uno de los títulos más clásicos de su filmografía, aunque en España, para evitar la censura, los amantes que aparecían en la pantalla se transformaron por arte de birlibirloque en tío y sobrina.

Y si John Huston inmortalizó a Marilyn en *La jungla de asfalto*, Joseph L. Mankiewicz no se quedó atrás en *Eva al desnudo* (*All about Eve*), a pesar de que la actriz sólo aparecía en dos ocasiones a lo largo de la película. Una vez más fueron necesarias las artes y amistades de Johnny Hyde para conseguir que a Marilyn le concedieran el papel, aunque en esta ocasión Mankiewicz no puso ningún reparo después de ver su participación en el filme de Huston. Es más, Hyde consiguió que Darryl F. Zanuck firmase un contrato de siete años para su representada.

En *Eva al desnudo* Marilyn encarnó el personaje de la joven señorita Caswell, que había estudiado en la escuela de arte dramático de Copacabana, y a pesar de su pequeña intervención el rodaje de las dos escenas en las que aparecía se dilató un mes porque antes había que filmar secuencias enteras en las que ella no intervenía. Ya por entonces dio muestras de su falta de puntualidad y del poco respeto que sentía hacia el resto de sus compañeros de reparto, a los que apenas dirigía la palabra. Sin embargo, algunos de ellos, como Gregory Ratoff, llegaron a manifestar públicamente que Marilyn tenía todas las cualidades para convertirse en una gran estrella, mientras que otros, como George Sanders, dijeron que había visto con sus propios ojos como en una sola noche visitaron la habitación de Marilyn hasta cuatro hombres diferentes. Dos opiniones que con el tiempo ayudaron a alimentar aún más el mito de Marilyn Monroe.

En cualquier caso *Eva al desnudo* fue un gran éxito, tanto de crítica como de público, y una de las triunfadoras en la gala de los Oscar celebrada al año siguiente al alcanzar catorce nominaciones y conseguir la dorada estatuilla en los apartados de mejor película, director, actor secundario (George Sanders), guión, sonido y vestuario. Después de trabajar en dos grandes películas de forma consecutiva, la carrera de Marilyn parecía definitivamente encaminada, pero de nuevo se interpuso en ella su vida personal, porque volvió a rechazar otra vez la sempiterna propuesta de matrimonio de Johnny después de que él hubiera descubierto su apasionado romance con Milton Greene —un popular fotógrafo de prensa amarilla, que curiosamente no había retratado a la actriz— y su protector abandonó el apartamento que habían alquilado para instalarse en el hotel Beverly Carlton.

A pesar de la separación, Johnny continuaba completamente enamorado de Marilyn y seguía manteniendo encuentros sexuales con ella de forma continua, sin hacer caso a las indicaciones de su médico, que le había aconsejado reposo absoluto para no deteriorar aún más su maltrecho corazón. Gracias a la mediación de Johnny, Marilyn protagonizó un anuncio de aceites Royal Triton y siguió de nuevo con papeles más de reparto que secundarios en filmes intrascendentes donde únicamente podía mostrar su simpática sonrisa, su pelo rubio y su escultural anatomía, porque los directivos de los estudios seguían viéndola sólo como un deseado objeto decorativo que se interpretaba a sí misma. A lo largo de 1950 participó a regañadientes y en calidad de cedida en los rodajes de los filmes *Ruedas de fuego* (*The fireball*), realizado por Tay Garnett para el lucimiento casi exclusivo de un Mickey Rooney que comenzaba sus horas más bajas, donde encarnó a la novia de un patinador, y *La encrucijada* (*Right cross*), a las órdenes de John Sturges, donde visitó el mundo del boxeo dando vida a una chica que trabajaba en un club nocturno.

El 18 de diciembre de 1950 Johnny Hyde falleció de un ataque al corazón. Unas semanas antes le pidió por última vez a Marilyn que se convirtiera en su esposa y una vez más obtuvo el «no» por respuesta. Entonces, y como una especie de premonición maldita, le dijo que pasase con él el último fin de semana antes de las navidades, pero ella volvió a negarse porque prefirió irse con Natasha y su hija Barbara de vacaciones a Tijuana. Precisamente su profesora de arte dramático fue quien más había influido en la separación de la pareja, y se había vuelto tan absorbente con Marilyn que cuando Johnny abandonó el apartamento ella ocupó su lugar y vivieron las tres, Marilyn, Natasha Barbara, en una casa de Harper Avenue. Pronto llegó una cuarta inquilina llamada Josefa, que era una perra *chihuahua* que Joe Schenck le había regalado a Marilyn por su cumpleaños.

Cuando Marilyn se estaba preparando para acudir al entierro del que había sido su amigo, amante y «padre», recibió una carta de su viuda anunciándole por anticipado el agradecimiento de toda la familia por no hacer acto de presencia, y ella esperó a las puertas del cementerio hasta que finalizó el funeral. Después, cuando todos los asistentes habían abandonado el lugar, se arrodilló ante la tumba de Johnny Hyde y rezó y lloró desconsoladamente, cogió la hoja blanca de un ramo de flores que habían depositado sobre la losa y lo guardó en el interior de un libro para que el recuerdo de Johnny la acompañase el resto de su vida.

Los días que siguieron al funeral de Johnny fueron realmente tristes y Marilyn no se quería levantar de la cama, a pesar de que debía ir a trabajar. Unas semanas antes había firmado un contrato por tres años después de aparecer, de nuevo brevemente y cedida por la Metro, en el filme de Arthur Pierson *Ciudad local* (*Home town story*). En realidad fue el propio director quien se acordó de ella porque ya habían trabajado juntos en *Dangerous years*, y le ofreció el papel de secretaria del periódico que dirigía el protagonista de la película. Aunque este título fue realmente intrascendente en su filmografía, sí sirvió en cambio para que la Twentieth Century Fox le hiciera una prueba para interpretar uno de los personajes protagonistas de *Cold shoulder*, un dramático largometraje de cine negro que nunca se llegó a realizar.

Por entonces Marilyn dependía tanto de Natasha anímicamente que era incapaz de tomar cualquier decisión sin el consentimiento de ella, y ya no sólo en lo que se refiere al apartado interpretativo sino también en el plano personal. También es cierto que, según parece, fue la propia Natasha quien evitó un fatal desenlace la vez que Marilyn intentó suicidarse después de recibir unas fotografías suyas en las que aparecía desnuda en la cama. El hecho sucedió tres días después del entierro de Johnny Hyde y el sobre con las instantáneas se lo envió su viuda junto a una carta en la que decía que de todas las pertenencias de su marido, precisamente esas fotos eran lo único que no le pertenecía.

41

XI.   ELIA KAZAN ENTRA EN ESCENA

Ahí va un buen trasero con un buen futuro detrás de él (Constance Bennett, actriz).

El contenido de esa carta ahondó aún más en la tristeza de Marilyn, que continuaba sintiéndose culpable por no haber estado junto a Johnny cuando él se lo pidió, y solía llegar con lágrimas en los ojos al rodaje de *Falsa juventud* (*As young as you feel*), precisamente el último favor que le hizo en vida su protector, ya que gracias a la amistad que le unía con Darryl Zanuck le concedieron el personaje de Harriet, una rubia y simpática secretaria que siempre daba la razón a su jefe con acento monocorde. Aunque su papel no era nada del otro mundo, el realizador Harmon Jones consiguió que Marilyn ofreciera lo mejor de sí misma hasta el punto de que la crítica se hizo eco de su interpretación, y si el *The New York Times* recogía: *Marilyn está simplemente soberbia en el papel de secretaria*, el crítico del *The Daily Mirror* escribió: *Historia con situaciones divertidas; además, siempre es agradable contemplar a la curvilínea Marilyn Monroe en el papel de secretaria.*

Pero estas críticas hubieran sido mucho más favorables si de verdad hubieran sabido el estado de ánimo de Marilyn cuando filmar esas escenas. Harmon Jones no sabía cómo consolarla y cuando iban a filmar siempre debían avisarla varias veces por megafonía. Lo único que realmente levantó el ánimo a la actriz fue cuando conoció a Elia Kazan, que casualmente realizaba una visita al plató para saludar a Jones, ya que el ahora director anteriormente había realizado para él funciones de montador. Existen diferentes versiones sobre cómo se conocieron Kazan y Marilyn, una de ellas defiende que fue el realizador quien siguió a la actriz cuando ella terminó de interpretar una escena y la encontró llorando entre bastidores, mientras que otra, también con numerosos defensores, recoge que fue la propia Marilyn la que se insinuó a Elia Kazan en el bar de los estudios aprovechando que el cineasta se había acercado a ella para darle el pésame por la muerte de Johnny Hyde. Pero en lo que sí coinciden todas las versiones es que los dos se convirtieron en amantes esa misma noche.

Elia Kazan había nacido en la ciudad turca de Constantinopla con el nombre de Elia Kazanjoglus, pero al cumplir los cuatro años emigró a los Estados Unidos y gracias a que su padre hizo una pequeña fortuna vendiendo alfombras pudo recibir una esmerada educación. Había iniciado su carrera artística en el teatro, pues no en vano fue uno de los fundadores del mítico Actor's Studio y triunfó en Broadway llevando a los escenarios obras de Tennessee Williams y Arthur Miller —quien precisamente le acompañaría a la cena de esa noche con Marilyn Monroe—. Pero desde que en 1945 firmara un contrato con la Twentieth Century Fox para realizar *Lazos humanos* (*A tree grows in Brooklyn*) se convirtió en uno de los directores que mejor utilizaba el lenguaje cinematográfico, especialmente en dramas llenos de realismo y en denuncias con fuertes cargas sociales. Cuando conoció a Marilyn, Kazan había estrenado, con gran aceptación de crítica y público, *Pánico en las calles* (*Panic in the streets*), un largometraje policiaco rodado en su mayoría en exteriores naturales para huir a propósito del hermetismo teatral, y acababa de finalizar el rodaje de *Un tranvía llamado deseo* (*A streetcar named desiré*), donde Marlon Brando dejó al descubierto las virtudes y veleidades del Actor's Studio.

Durante la cena Elia Kazan y Arthur Miller, que estaban juntos en Los Angeles para intentar llevar a cabo la versión cinematográfica de *The hook*, uno de las útimos relatos escritos por Miller, encontraron a una Marilyn completamente animada y llena de simpatía, que parecía haberse olvidado por completo de la muerte de Johnny Hyde. Al acabar la cena, los tres se dirigieron a la casa que compartían Miller y Kazan, y mientras el director y la actriz entraron juntos en una habitación, el escritor se metió a descansar en la habitación contigua, aún impactado por la extraña sensación que le había causado Marilyn.

Los tres se convirtieron en inseparables y durante las semanas siguientes hicieron numerosos planes juntos. Marilyn estaba fascinada por los dos hombres que la acompañaban y que la trataban como a una verdadera amiga, porque si Arthur Miller le hablaba de literatura y de teatro mientras visitaban los museos, Elia Kazan no dudo en presentarla al presidente de la Columbia, Harry Cohn, como su secretaria cuando fueron a negociar el traslado a la pantalla grande de *The hook*. Durante la reunión, Cohn no paraba de mirar a la actriz continuamente, como si intentara poner su rostro y su recuerdo en algún lugar de la memoria, pero Marilyn se había recogido el pelo, había sacado del su bolso las grandes gafas de concha que utilizaba en la intimidad —ya que era miope—, se había vestido de forma recatada y además interpretó magistralmente el papel que le había asignado Elia Kazan. Al finalizar la conversación, sin llegar a un acuerdo porque a Arthur Miller le obligaban a cambiar considerablemente su guión hasta perder casi completamente el espíritu que había querido plasmar en su libro, Kazan desveló quién era la misteriosa protagonista de la broma y Cohn, que seguramente se perdió producir una gran película, sí se convirtió a partir de entonces en uno de los admiradores más fieles de Marilyn Monroe.

Ante la negativa de Arthur Miller de ceder los derechos literarios que permitían convertir su libro en un largometraje, el escritor decidió abandonar Los Angeles y volver con su familia, después de aconsejar a Marilyn que se comprara una popular biografía de Abraham Lincoln que había escrito Carl Sanburg, y que a la postre sería uno de los ejemplares que más la acompañarían a partir de entonces y hasta el final de sus días. Cuando se despidieron, Marilyn sintió por él una admiración que no había sentido anteriormente por ningún otro hombre, y Arthur Miller comprendió que se encontraba ante una mujer absolutamente desbordante e imprevisible y comenzó a tener unos sentimientos contradicitorios que le duraron varios meses.

Marilyn sabía que esos días tan maravillosos estaban a punto de finalizar, pero antes tuvo tiempo de disfrutar junto a Elia Kazan del preestreno en Santa Barbara de *Un tranvía llamado deseo*. Los dos celebraron la gran acogida de la película bebiéndose una botella de vodka. También acompañó al célebre director a una cena que celebró en su honor Charles Feldman, director de la agencia Famous Artists, Inc., quien después de conocer a Marilyn decidió encauzar su carrera, por lo que a partir de esos momentos debía desligarse definitivamente de William Morris y rescindir el contrato que había firmado el 5 de diciembre de 1950.

En marzo de 1951 Elia Kazan abandonó Los Angeles y cuando se despidió de Marilyn, la actriz le comunicó que estaba embarazada. El realizador se quedó de piedra y nunca llegó a saber si él mismo había sido el protagonista directo de alguna de las mentiras de la estrella o si realmente podía haber compartido un hijo con ella, porque pocos meses más tarde recibió una carta diciéndole que había abortado, sin especificar si esta interrupción del supuesto embarazo había sido natural o provocada. En cualquier caso, y siempre que se acepte la versión de Marilyn, cuando el día 29 de ese mismo mes entregó la estatuilla del Oscar a Thomas T. Moulton por su impecable trabajo en el sonido de *Eva al desnudo*, la actriz estaba en estado de buena esperanza, y tal vez por este motivo se puso tan nerviosa antes de subir al escenario del teatro Pantages cuando su vestido sufrió un pequeño descosido. Por cierto, ésta fue la única vez en su vida que Marilyn participó en la ceremonia de entrega de los Oscar.

XII.   APARECE EL MIEDO ESCÉNICO

No me impresionó en absoluto el día que la conocí. Era una persona dura e inhibida y su costumbre de hablar sin mover los labios no era natural. Además poseía una voz quejumbrosa que a veces se convertía en chillona (Natasha Lytess, profesora de arte dramático).

El 11 de mayo Marilyn firmó un nuevo contrato con la Twentieth Century Fox. Su salario era de 500 dólares semanales durante un año y debería trabajar en exclusiva para los estudios, por lo que debía abandonar definitivamente su carrera de modelo, excepto en contadas ocasiones y siempre con el expreso consentimiento de la productora. Por su parte, la Fox podía cederla a cualquier otra compañía siempre que obtuviera beneficios, incluso al finalizar el año tenía la potestad de traspasarla a otra productora en las mismas condiciones en que se había firmado el contrato original. Marilyn aceptó prácticamente todas las cláusulas porque quería que su profesora de interpretación, Natasha Lytess, estuviera siempre a su lado y que pudiera permanecer en el plató durante los rodajes, aunque fuera con un permiso especial.

Desde principios de año Marilyn ya no vivía con Natasha. Había vuelto a ocupar una habitación el en hotel Beverly Carlton, lo que le había otorgado total libertad para mantener relaciones con Elia Kazan y con un popular periodista cinematográfico llamado Sidney Skolsky. Con esta separación la actriz había ganado cierta emancipación en su vida personal, pero continuaba dependiendo absolutamente de Natasha a la hora de enfrentarse a la claqueta y a las cámaras, porque parecía como si la palabra «acción» le devolviera la inseguridad que había padecido desde que era pequeña. Finalmente Darryl Zanuck estipuló que la profesora, que también cobraba 500 dólares semanales de los estudios, podía permanecer dentro del plató siempre que el director de cada película diera su consentimiento.

Prácticamente nada más firmar el contrato, Marilyn se incorporó al rodaje de *Love nest* a las órdenes de Joseph Newman. De nuevo se trataba de una película coral de serie B con un final sorprendente y Marilyn

47

interpretaba a una auxiliar del ejército norteamericano que era amiga del protagonista, William Lundigan. Antes de acudir al plató, ella y Natasha habían estado ensayando diferentes gestos con las manos para que la profesora le indicara si a su juicio la toma era buena o había que repetirla. De esta forma si el director no descubría el diálogo gestual de las dos mujeres no se sentiría incomodado. Pero lo que nunca pudieron sospechar es que precisamente el cuerpo y los andares sensuales de Marilyn iban a traer a Joseph Newman por la calle de la amargura. En una de las escenas Marilyn aparecía en bañador tomando el sol tumbada en una hamaca y cuando se dio la orden de rodar la mayoría de los miembros del equipo técnico se quedaron boquiabiertos y conmocionados, y posteriormente, en otra secuencia en la que la actriz debía ducharse, el plató se llenó de tanta gente que el director tuvo que ordenar que se cerrara y trabajar únicamente con los operarios imprescindibles.

Cuando estos acontecimientos llegaron a oídos de los periodistas y de los directivos de la Fox todos comprendieron que Marilyn era especial y que desprendía en los hombres una atracción realmente sobrenatural. Su amigo y antiguo amante Sidney Skolsky llegó a escribir cuando vio la película que *el bikini que luce Marilyn Monroe es tan pequeño que apenas caben los cuatro lunares que lleva;* la revista *Stars & stripes* la nombró Cheesecake (Pastel de queso) en 1951 y algunos periodistas no tardaron en compararla con la mismísima Lana Turner y publicaron frases como: *En un año la cotización de la señorita Monroe ha subido más rápido que el coste de la vida.* Por su parte la Twentieth Century Fox comprendió por fin que tenía en su nómina a una auténtica bomba sexual y el director de publicidad de los estudios, Harry Brand, dijo que probablemente Marilyn se podía convertir en la mayor estrella de su compañía y prácticamente la consideró heredera de Shirley Temple y Betty Grable.

Pero a pesar de todas estas bondades, la Fox tampoco le otorgó el papel protagonista en su siguiente filme, *La apuesta (Let's make it legal),* una supuesta comedia dirigida por Richard Sale que no hizo reír a nadie, a pesar de que el guión lo firmaba I.A.L. Diamond. Marilyn daba vida a una joven rubia que ha ganado un concurso de belleza y es utilizada por el protagonista de la historia (MacDonald Carey) para dar celos a su ex mujer (Claudette Colbert). A pesar de que las críticas se mostraron correctas con la actriz, ya que en el *Daily Mirror* pudo leerse: *Marilyn Monroe nos muestra su impresionante belleza para proporcionar a la película un poco de excitación,* y en el *Daily News: Es una comedia inconsistente que lo único que la salva son las interpretaciones de sus protagonistas, Claudette Colbert y MacDonald Carey. Marilyn Monroe está muy divertida en el pequeño papel de rubia escultural,* en general la acogida adversa de la película hizo aumentar aún más la desconfianza e inseguridad en Marilyn, y durante el mes de octubre la Fox contrató a Michael Chejov para que la ayudara, con su personal método, a combatir el temor al fracaso. Las lecciones de Chejov eran perfectamente compatibles con las de Natasha, porque mientras el primero hacía que el actor utilizara por igual su cuerpo y mente para apropiarse de un personaje determinado, la segunda continuaba con sus técnicas clásicas de interpretación.

Así, con una preparación interpretativa mayor Marilyn se enfrentó al rodaje de *Encuentro en la noche* (*Clash by night*), nada más y nada menos que bajo la dirección de Fritz Lang. La actriz actuó en calidad de cedida para la RKO, que abonó a la Twentieth Century Fox 6.000 dólares para poder contar con su trabajo, ya que el mismo director así lo había pedido. En esta ocasión su papel también era secundario, pero se codeaba con otros grandes nombres de la interpretación, como Barbara Stanwyck, Robert Ryan y Paul Douglas; además, el argumento de este filme estaba basado en una popular obra, bastante machista por cierto, de Clifford Odets; los periodistas que cubrían el rodaje sólo preguntaban por ella, y la RKO era una productora por la que sentía especial predilección. Es decir, Marilyn tenía a su favor todos los elementos para triunfar definitivamente. Pero cuando se puso delante de las cámaras de nuevo sintió el vértigo del miedo escénico. Creía que se había preparado a conciencia para enfrentarse otra vez a un personaje, pero la búsqueda de la perfección interpretativa trajo de nuevo la inseguridad. Ni siquiera podía ver las constantes indicaciones que le hacía Natasha detrás de las luces, y Fritz Lang, que descubrió el juego que se traían con las manos alumna y profesora, pidió que esta última abandonara el plató. La situación llegó a ser tan insostenible que debían maquillar a Marilyn constantemente porque le habían salido unas extrañas manchas rojas en la cara —que el director atribuyó a los nervios— y siempre tenía la tez macilenta porque vomitaba antes de empezar a filmar.

Marilyn paraba continuamenre el rodaje, solía llegar tarde, no conseguía replicar con rapidez a sus compañeros de reparto y hasta el mismo Fritz Lang tuvo que levantarse en varias ocasiones de la silla para recordarle que los grandes actores casi siempre estaban «muertos de miedo», pero a pesar de todos estos inconvenientes la verdad es que los espectadores vieron a una actriz que se metía a las mil maravillas en el papel de la simpática novia de un pescador (Keith Anders) que trata de solventar con gran aplomo las difíciles situaciones que provocaba su futura cuñada (Barbara Stanwyck). La crítica fue unánime con la interpretación de Marilyn y en el *Daily News* pudo leerse: *Marilyn Monroe es la nueva atracción rubia de Hollywood, y se las arregla para estar atractiva incluso con pantalones vaqueros. Es una actriz segura en un papel secundario*

49

y junto a su compañero, el joven Keith Anders, acaba destacando a pesar de la dura competencia de los tres actores principales, mientras el crítico del *New York Post* escribió: *El papel que interpreta en la película Marilyn Monroe, de simpática y excitante futura cuñada de la señora Stanwyck, es una amenaza para todas las rubias cinematográficas de esta temporada, porque realmente esta chica sabe actuar.* Hasta la protagonista de la película, Barbara Stanwick, llegó a manifestar el día del estreno que quien realmente se había convertido en una estrella era Marilyn Monroe, porque al actuar desprendía una magia tan especial que era capaz de hechizar al mundo entero.

Marilyn además fue portada de varias revistas y en la mayoría de ellas hablaba de su infancia y de cómo fue una niña completamente infeliz, huérfana de padre y madre, que tuvo vivir hasta en doce casas diferentes soportando los abusos sexuales de sus padres adoptivos y los malos tratos de sus madres, que la obligaban a limpiar toda la casa y a ducharse con agua fría. El público se volcó con ella y los estudios se vieron inundados de cartas —hasta 3.000 en un solo día— de admiradores que deseaban saber cada vez más cosas de su vida. Toda esta avalancha de simpatía hizo cambiar de opinión a Darryl Zanuck, que dio la razón a Charlie Feldman y decidió hacer una prueba personalmente a Marilyn para que por fin se enfrentase a su primer papel protagonista.

La película elegida fue *Niebla en el alma* (*Don't bother to knock*), y ni qué decir tiene que Marilyn pasó con sobresaliente la prueba que le había realizado Zanuck. Se trataba de la versión cinematográfica de una novela de Charlotte Armstrong que tenía como protagonista a una joven niñera que en realidad es una peligrosa enferma psiquiátrica. Gracias a su enfermedad y la visión tan particular que tiene del mundo consigue engañar a todos los que la rodean. Roy Baker, que fue el director seleccionado para realizar esta película de bajo presupuesto, dividió este melodrama en dos partes bien diferenciadas, concentrando la mayor tensión en el desenlace final. Además apenas quiso repetir las tomas porque quería que Marilyn se viera tan hostigada en su interpretación como la protagonista por su enfermedad, e incluso llegó a expulsar a Natasha del plató ante las quejas continuas pidiendo repetir la actuación de su alumna antes de mandar positivar, aunque más tarde para tranquilizar a Marilyn volvió a admitirla. La crítica ignoró la película pero volvió a resaltar el trabajo realizado por Marilyn, cuya fama ya había traspasado la frontera de los Estados Unidos y por ejemplo *Cinematographie Française* hizo la siguiente reseña: *La creación de Marilyn Monroe en un papel muy delicado es de gran valor. Poco a poco va perdiendo el control de sus actos, dominando la situación de la trama gracias a ella misma; su expresión trágica y su doble moral dan un toque de sinceridad.* En la rueda de prensa

En 1956 la actriz se cambió legalmente el nombre de Norma Jean Mortenson por el de Marilyn Monroe.

del estreno, Marilyn agradeció especialmente a Michael Chejov y a Natasha Lytess el hecho de haber llegado tan alto, y su compañera de reparto Anne Bancroft confesó que la interpertación que había hecho Marilyn de una mujer desamparada y abatida tenía tanto realismo que había roto a llorar.

Definitivamente Marilyn Monroe había triunfado dentro y fuera de la industria cinematográfica, pero unas fotografías que habían sido robadas y que mostraban toda su naturalidad podían poner en peligro su carrera.

XIII. LA CHICA DEL CALENDARIO

El sexo forma parte de la naturaleza. Y yo me llevo de maravilla con la naturaleza (Marilyn Monroe).

Durante el mes de marzo se recibieron en la centralita de los estudios RKO varias llamadas telefónicas de un interlocutor anónimo que aseguraba tener varias fotos de Marilyn en las que aparecía completamente desnuda. El chantajista pedía 10.000 dólares para no hacer públicas las fotografías ni sacar a la luz el nombre de la modelo rubia que había posado para el calendario *Sueños dorados*. Ante lo asombroso de esta declaración, el productor de la película *Niebla en el alma*, Jerry Wald, pasó la patata caliente a la Fox para que Zanuck hiciera lo que creyera más conveniente.

En realidad la visión del cuerpo desnudo de Marilyn estaba al alcance de cualquiera porque los calendarios editados por John Baumgarth lucían en los camiones, en los bares, en los talleres y en numerosos establecimientos públicos de la costa oeste de los Estados Unidos, y lo más curioso de todo es que nadie la había reconocido, lo que demostraba que el fotógrafo Tom Kelly había realizado un buen trabajo. Pero no opinaron igual los directivos de la Twentieth Century Fox, que jamás pudieron imaginar que su actriz con mayor proyección estuviera a punto de escandalizar a la Iglesia y a los estratos más puritanos de la sociedad norteamericana por aparecer públicamente como Dios la trajo al mundo. Cuando Marilyn les confesó la verdad y que había firmado la factura con el nombre de Mona Monroe al principio decidieron negar las evidencias, pero al día siguiente el escándalo apareció en las primeras páginas de los periódicos, lo que les obligó a cambiar de estrategia y citaron a Aline Moshby, una prestigiosa periodista de United Press International, para que hiciera una entrevista en exclusiva a la actriz. Cuando terminó de hacerle todas las preguntas, Marilyn volvió a realizar otra de sus mejores interpretaciones y llorando le confesó las penurias por las que había pasado y cómo no había tenido más remedio que aceptar posar desnuda para cobrar sólo cincuenta dólares. El plan surtió efecto y el 12 de marzo *Los Angeles*

Herald Examiner publicaba en primera página: *Marilyn confirma que posó desnuda para el calendario;* la noticia aparecía firmada por Aline Moshby.

En los días siguientes, los estudios se llenaron de cartas y de telegramas solidarizándose con Marilyn, y la Fox, para terminar de quitar hierro al asunto, compró varios ejemplares del calendario para repartirlos entre los miembros de la prensa, acabando así con parte del negocio de John Baumgarth, que ya había impreso una nueva reedición de *Sueños dorados* para lucrarse con la polvareda que se había levantado.

Después de este escándalo, Marilyn salió absolutamente favorecida, fue portada de numerosas revistas, tenía al público de su parte y una encuesta la calificaba como la mujer más deseada de Norteamérica. Todas estas premisas, además del morbo que creaba su amigo Sidney Skolsky cada vez que escribía sobre ella, hicieron que se convirtiera en la protagonista extracinematográfica de sus dos siguientes películas: *No estamos casados* (*We're not married*) y *Me siento rejuvenecer* (*Monkey business*).

En el primer filme, que fue dirigido por Edmund Goulding, Marilyn Monroe no aparece más de cinco minutos, posando en trajes de baño para participar en un concurso de belleza. Es una comedia simpática y coral, dividida en *sketchs*, que también estaba protagonizada, entre otros, por Ginger Rogers, Eve Arden, Fred Allen, Victor Moore y Paul Douglas. Todos ellos reciben una carta informándoles de que no están legalmente casados, por lo que su vida puede dar un cambio de ciento ochenta grados. Las críticas fueron de nuevo benevolentes con la actriz y si el crítico del *Daily News* escribió: *Divertida comedia en la que Marilyn Monroe y David Wayne ofrecen una buena actuación. Marilyn como una bella aspirante al título de Miss America, y David como disgustado marido,* el del *New York Herald Tribune* se atrevió a plasmar en las páginas de su periódico: *Marilyn Monroe tiene el aspecto de haber sido creada por Miguel Ángel.*

Antes de iniciar el rodaje de su nueva comedia, Marilyn conoció al que se convertiría en su segundo marido, el jugador de béisbol Joseph Paul DiMaggio, estrella indiscutible de los Yankees de Nueva York, equipo con el que ganó nueve series mundiales, consiguió 361 *homeruns*, batió el récord aún vigente de batear durante 56 partidos seguidos y fue elegido mejor jugador del campeonato en tres ocasiones. Todo un héroe en los Estados Unidos, a pesar de que ya estaba retirado.

XIV.   EL ROMANCE QUE CONMOVIÓ
A NORTEAMÉRICA

Te seré tan leal como William Powell lo fue a Jean Harlow (Joe DiMaggio a Marilyn Monroe el día de su boda).

El primer encuentro entre Marilyn y Joe DiMaggio tuvo lugar en febrero de 1952. El deportista había comentado a sus más allegados que deseaba conocer a la actriz después de haberla visto fotografiada en una revista vestida de jugadora de béisbol, y creía, erróneamente, que Marilyn era una ferviente seguidora de este deporte. El encargado de hacer las presentaciones fue David March, un agente artístico que también era amigo personal de DiMaggio, y preparó la cita en el popular restaurante italiano Villa Nova, situado en Sunset Boulevard. Lo que nunca comentó March a Joe es que Marilyn le había preguntado si DiMaggio era un actor italiano y cuando le sacó de su error estuvo a punto de dar al traste con la cena porque la actriz le dijo que no le gustaban los deportistas, y menos si llevaban ropas llamativas y lucían grandes músculos.

Afortunadamente Joe DiMaggio era educado, delgado y muy reservado, y cuando vio aparecer la figura de Marilyn por la puerta del restaurante, una hora más tarde de lo previsto, se enamoró de ella inmediatamente, sin importarle que no supiera nada de béisbol y que aborreciera el mundo del deporte. Marilyn también comprobó lo equivocada que estaba con respecto a ese hombre que tenía frente a ella y que desde luego no estaba allí para intentar conquistar a una mujer porque fuera una estrella de cine. Pocos días más tarde los dos se habían prometido en matrimonio.

Una de las primeras personas en recibir la buena nueva fue Elia Kazan, que había regresado a Los Angeles para preparar con el presidente de la Twentieth Century Fox, Spyros Skouras, su declaración ante el *Comité de Actividades Antiamericanas*. Marilyn quedó con él en el hotel y cuando le dijo que iba a casarse con una persona muy conocida, el director creyó que se trataba de su común amigo Arthur Miller, ya que él había notado cierta atracción entre la actriz y el escritor. Marilyn encontró a Kazan muy desmejorado porque se enfrentaba a uno de los episodios más desagradables de su vida, como era la infausta Caza de Brujas del senador Joseph McCarthy, que en 1947 había comenzado una campaña, amparado por el Senado de los Estados Unidos, para indagar en las influencias y en los pensamientos políticos que dominaban en la clase intelectual norteamericana, y muy especialmente en la industria cinematográfica.

Durante varios años, actores, directores y guionistas tuvieron que comparecer ante la comisión en larguísimas sesiones para confesar públicamente su ideología política y delatar, si fuera necesario, a compañeros de profesión que pertenecieran o hubieran pertenecido al Partido Comunista. Entonces la guerra fría con la U.R.S.S estaba en su punto culminante y estos juicios sumarísimos, que iban dirigidos contra la libertad de expresión y contra todo Hollywood, obligaron a emigrar a Europa a directores de la talla de Jules Dassin, Joseph Losey, Orson Welles o Charles Chaplin, si no querían correr la misma suerte que los guionistas John Howard Lawson, Lester Cole o Dalton Trumbo, entre otros, que terminaron con sus huesos en prisión y cuando fueron excarcelados tuvieron que firmar sus trabajos con seudónimos porque no se les permitía ejercer su profesión. Elia Kazan, el director más prometedor en aquellos momentos, sí había pertenecido durante su juventud al Partido Comunista, del que fue expulsado por su fuerte personalidad, y sí delató a sus compañeros de profesión, siguiendo los consejos espurios de los grandes productores cinematográficos, que no querían enfrentarse al Gobierno y aceptaron la *lista negra* de 324 nombres que les facilitó la comisión y que les aconsejaba no dar trabajo a todos aquellos que aparecían inscritos en ella hasta que fueran purificados por un *Clearing Oficce* creado para esta labor. A partir de entonces Elia Kazan fue calificado como un delator a los ojos de sus compañeros y cuando en 1998 la Academia de las Artes y Ciencias Cinematográficas de Hollywood le propuso para recibir el Oscar honorífico surgió una gran controversia porque algunos de sus miembros le seguían considerando un auténtico traidor. Finalmente Kazan recibió el tercer Oscar de su carrera —los otros dos fueron por *La barrera invisible* (*Gentleman's agreement*) y *La ley del silencio* (*On the waterfront*)— antes de fallecer en 2003.

El siguiente filme de Marilyn, *Me siento rejuvenecer*, era una hilarante comedia dirigida por Howard Hawks, en la que se ponía en entredicho la respetabilidad de la ciencia a través de un sabio despistado que busca afanosamente la fórmula del rejuvenecimiento. En los papeles estelares aparecían Cary Grant y Ginger Rogers, mientras que Marilyn ofrecía un simpático toque sexy al filme interpretando a una secretaria adorable y divertida contratada únicamente por sus atributos naturales y nunca profesionales, porque ni siquiera sabía taquigrafía ni mecanografía.

56

Durante el rodaje comenzaron los rumores, cada vez más fundados, de la posible boda entre la actriz y Joe DiMaggio, sobre todo después de que Marilyn sufriera un ataque de apendicitis y fuera internada urgentemente en el hospital Cedars of Lebano, donde le administraron inyecciones de penicilina para bajar la infección ante la negativa de la actriz a ser operada, ya que tenía miedo a perder su papel. Cuando salió del hospital, Joe la estaba esperando en la puerta y así siguió todos los días del rodaje. Los periodistas estaban encantados porque cuando salían los actores de trabajar siempre se encontraban a DiMaggio con su sonrisa y dejándose fotografiar pacientemente junto a su futura esposa. Incluso en una ocasión en que la pareja se retrató con Cary Grant, algunos medios se atrevieron a cortar la imagen del actor para dar más credibilidad a la noticia de la futura boda.

Pero la felicidad de Marilyn se vio enturbiada nuevamente, porque algunos periodistas habían indagado en su pasado descubriendo que tenía una madre internada en un hospital psiquiátrico y una hermanastra. También hicieron mención a Ana Lower y a Grace Mckee para desmentir que en su infancia hubiera pasado por doce hogares diferentes. La actriz ofreció una rueda de prensa para defenderse y declaró que nunca había convivido con su madre porque cuando era pequeña fue ingresada en un psiquiátrico y que había mentido sobre su existencia para que no la molestaran en el hospital. Además escribió una nota de prensa, que se publicó en los medios en el mes de mayo, en los siguientes términos: *Todos mis amigos saben que mi madre vive, pero que para mí es una desconocida, ya que durante mi infancia fue internada en un hospital. Fui criada en hogares adoptivos, recomendados por el Servicio Social del Condado de Los Angeles, y pasé un año en el orfanato. Realmente nunca conocí a mi madre, pero desde que crecí y pude ayudarla me he interesado por ella. Me preocupo por ella y continuaré haciéndolo mientras viva.* Pocos días más tarde la actriz recibió una carta de Gladys pidiéndole que la sacara del hospital y la llevara con ella, y Marilyn ordenó a su agente Inez Mensol que aumentara la pensión que pasaba a su madre.

Marilyn también salió airosa de este contratiempo y una vez más sus seguidores bomberdearon con cartas la recepción de la Twentieth Century Fox. Además la crítica había recibido su participación en el filme *Me siento rejuvenecer* con gran alborozo, como demuestra el hecho de que el crítco del *Herald Tribune* escribiera: *No había tenido todavía la ocasión de ver a la señorita Monroe. Ahora sé de qué se trata, y no tengo nada que objetar. La señorita Monroe da un mentís a aquella antigua ley de la escena, según la cual no debe volverse la espalda al público*, y el de *Photoplay* también se expresó de forma positiva hacia la actriz al manifestar: *Marilyn Monroe está muy divertida en su papel de secretaria que no sabe escribir a máquina, pero ésta debe de ser la única virtud que no posee esta señorita.*

Sin embargo, Darryl Zanuck estaba bastante preocupado porque después de mantener una conversación con Howard Hawks, éste le había manifestado que donde realmenta daba la talla Marilyn era en la comedia. En aquel momento, la película *Niebla en el alma* no estaba obteniendo los resultados esperados, a pesar de que el romance de la actriz con Joe DiMaggio acaparaba las portadas de los periódicos, lo que suponía una publicidad adicional a todos los filmes en los que interviniera Marilyn. Incluso ella misma ayudaba a promocionar las películas con su gracia natural; por ejemplo, en una ocasión un periodista le dijo: *Marilyn, desde que estás con Joe te vemos rejuvenecer*, y la actriz le contestó: *Sí, pero no estamos casados.*

Zanuck seguía dudando de la valía de Marilyn y le impuso dos pruebas de fuego. La primera de ellas fue la participación de la actriz en un espectáculo celebrado en Camp Pendleton, donde debía cantar y bailar delante de varias compañías de marines, y su éxito fue tan apoteósico que inmediatamente se convirtió en una de las protagonistas de *Los caballeros las prefieren rubias* (*Gentlemen prefer blondes*). El segundo desafío, más cinematográfico, fue su aparición en la película *Cuatro páginas de la vida*, que recogía cinco relatos cortos de O. Henry, que no tenían nada que ver entre sí: *El polizonte y la antífona* (*The cop and the anthem*), *La llamada del clarión* (*The clarion call*), *La última hoja* (*The last leaf*), *El rescate del jefe piel roja* (*The ransom of red chief*) y *El regalo de los reyes magos* (*The gift of the magi*), dirigidos respectivamente por Henry Kosner, Henry Hataway, Jean Negulesco, Howard Hawks y Henry King. Marilyn Monroe aparecía prácticamente un minuto en el primer capítulo junto a Charles Laughton, interpretando respectivamente los papeles de una prostituta y un vagabundo, el segundo confunde a Marilyn con una dama y termina regalándole su paraguas. A pesar de esta brevísima intervención, el *New York Post* hizo la siguiente crítica de la película: *El episodio de Charles Laughton*, El polizonte y la antífona, *es el mejor. Su interpretación está claramente pensada para provocar risas... y Marilyn Monroe hace el papel de una prostituta de imponentes proporciones.* Después de visionar el resultado, Zanuck se autoconvenció de que Marilyn podía ser perfectamente la asesina despiadada de *Niágara* (*Niagara*).

Mientras tanto la relación que Marilyn mantenía con Joe DiMaggio iba viento en popa. La actriz ya conocía al hijo de doce años de su novio, nacido de su matrimonio anterior, y entre los dos había cierta complicidad y ninguna animadversión. Pero no sucedía lo mismo entre Joe y Natasha Lytess, ya que cada uno de ellos intentaba ganar el terreno afectivo que había conquistado el otro, y por primera vez surgieron los celos, casi enfermizos, de Joe, que un día llegó a contestar a la profesora que si quería hablar con la señorita Monroe debería pedir una cita a su agente.

El 28 de abril, antes de comenzar el rodaje de *Niágara*, Marilyn pasó por el quirófano para que el doctor Marcus Rabwin le extirpara el apéndice en el célebre hospital Cedars of Lebano, y cuando el doctor levantó la sábana para comenzar la incisión, vio asombrado que la actriz había escrito en su abdomen: *Por favor, corte lo menos posible, evite cicatrices y no me quite los ovarios. Gracias, Marilyn.* Cuando salió de la operación, Joe había reservado una *suite* en el hotel Bel-Air para su recuperación.

El día que cumplió los veintiséis años, fue uno de los más felices de su vida. Por la mañana recibió una llamada personal de Darryl Zanuck confirmándola como la nueva protagonista de *Los caballeros las prefieren rubias* en detrimento de Betty Grable, el otro nombre que habían estado barajando los responsables de los estudios hasta el último momento. Prácticamente nada más colgar a Zanuck, el teléfono comenzó a sonar con insistencia, felicitándola porque la popular periodista Luella Parsons la había incluido en su lista anual de las diez mujeres más excitantes de Hollywood en el número uno. Pero Marilyn no tuvo mucho tiempo para celebrar estas dos excelentes noticias, porque debía preparar con Natasha el papel de Rose, una egoísta asesina que quiere acabar con la vida de su marido, y sólo tenían una semana de trabajo antes de incorporarse al rodaje de exteriores en las mismísimas cataratas del Niágara.

XV.   LOS CELOS DE JOE

¿Estoy rodando una película o luchando contra un cronómetro?
(Marilyn Monroe, durante el rodaje de *Niágara*).

El primer sorprendido de la actitud que tenía Marilyn durante la filmación fue el realizador Henry Hathaway, que llegó a manifestar la gran predisposición de la actriz para superarse día a día en la interpretación y la sensual naturalidad que impregnaba a su personaje. Lo único que no podía soportar Hathaway era su relación con Natasha, ya que en su opinión Marilyn era tan intuitiva que lo único que hacía su profesora era aumentar su complejo de inferioridad y sumirla en una timidez antinatural, lo que además provocaba constantes retrasos en los planes del equipo de producción, que veían cómo se tenían que repetir numerosas tomas porque su pronunciación era tan impecable que parecía forzada. Por el contrario, Marilyn dio toda clase de facilidades para rodar completamente desnuda la escena inicial de la cama y en la que se está duchando, y la secuencia en la que susurra la canción *Kiss me* fue improvisada cuando prácticamente ya había finalizado el rodaje, dejando de manifiesto la sociedad tan natural que hacían la cámara y la actriz.

La expectación que levantaba Marilyn entre el público era tan grande que cada dos días se realizaba una pequeña rueda de prensa para que ella informara directamente a los periodistas del rodaje de la película y de cómo iba su relación con Joe DiMaggio, aunque una de las mayores atracciones era la sensualidad que desprendía la actriz en todo lo que hacía, especialmente en la forma tan rítmica que tenía de mover sus caderas. Cuando se le hizo un comentario en este sentido Marilyn ofreció una de las contestaciones más originales y populares de toda su vida:

Marilyn Monroe: *No sé a qué se refieren cuando dicen que camino horizontalmente. Como es natural, sé lo que es caminar y también sé la diferencia que existe entre horizontal y vertical.*

Periodista: *¿Pero es premeditada su forma de caminar?*

Marilyn Monroe: *Nunca ando de forma deliberada, aunque dicen que lo hago contoneando las caderas. Siempre he andado igual desde que empecé a caminar a los diez meses.*

Periodista: *¿Ha utilizado usted postizos en alguna ocasión?*

Marilyn Monroe. *A esa pregunta sólo podrían contestar los que me conocen perfectamente.*

Periodista: *¿Nos podría decir qué tenía puesto cuando posó para el famoso calendario* Sueños dorados*?*

Marilyn Monroe: *La radio.*

Periodista: *Señorita Monroe, ¿qué utiliza usted para dormir?*

Marilyn Monroe*: Chanel número 5.*

Escuchando estas respuestas, es fácil comprender la sensación que tenían Darryl Zanuck y Henry Hathaway cuando visionaron el primer montaje de *Niágara*, y es que Marilyn lucía mejor cuando no se enfrentaba a los diálogos escritos, porque parecía que su personaje estaba sacado de forma irreal, fuera del contexto de la película, para que pudiera interpretarse a sí misma. Pero por otra parte, embutida en un provocativo vestido rojo, Marilyn llevaba la sensualidad hasta sus últimas consecuencias, sobre todo cuando aparecía caminando por una calle empedrada o encendía un cigarrillo, lo que hacía que ni Zanuck ni Hathaway pudieran apartar sus ojos de ella, aunque estuviera compartiendo la escena con otros actores. Fue entonces cuando tuvieron la certeza absoluta de que Marilyn Monroe había comenzado definitivamente su despegue artístico.

Ni siquiera las provocativas declaraciones de Robert Slatzer, un crítico literario de *Columbus Ohio* y colaborador de la revista *Confidential*, que conoció a Marilyn cuando los dos estaban comenzando sus respectivas carreras, argumentando que se había casado con la actriz el 4 de octubre en Tijuana y que habían celebrado esta unión haciendo el amor en un sofá mientras en la televisión aparecía la imagen de Joe DiMaggio, consiguieron mover lo más mínimo los cimientos de la popularidad que había conseguido la actriz.

Niágara se estrenó el 22 de enero de 1953 y la crítica destacó una vez más la presencia de Marilyn en un largometraje. Así *Time* publicó: *Lo que coloca a la película en un plano superior es Marilyn Monroe*; *Herald Trubune* matizó aún más: *La señorita Monroe interpreta el papel de una de esas esposas que en los guiones se definen como vestidas con trajes tan escotados que dejan al descubierto las rodillas. El traje es rojo. La actriz tiene unas rodillas muy bonitas y bajo la dirección de Hathaway logra una representación tan ondulante que consigue que el público la odie y admire al mismo tiempo*; *Cinema 56* recogió: *Marilyn, con un vestido rojo y sus cabellos al viento, entra en trance cuando escucha el disco titulado* Kiss me. *Ella es la ilustración viva de André Breton cuando dijo que la belleza es concebida o no existe;* y el que fue más crítico y probablemente más honesto con la actriz fue el periodista del *New Yorker*, que escribió: *Marilyn Monroe tiene un papel importante en el melodrama Niágara, y hay que reconocer que la señorita Monroe está admirablemente construida, aunque no pueda competir con las cataratas, una de las maravillas de nuestro continente. Su verdadero problema es la marcada tendencia a pronunciar las palabras de su papel como si estuviera leyendo un texto escrito en un idioma que no le fuera familiar.* Lo más curioso de todo es que Marilyn aún cobraba como una actriz secundaria y que hasta el maquillador tenía un salario más alto que ella.

Claro que después de finalizar el rodaje de *Niágara* hasta que Marilyn pudo leer estas críticas pasaron nueve meses que marcaron la vida de la actriz. Durante el verano, Joe DiMaggio hizo las presentaciones oficiales de Marilyn a su familia en San Francisco, su ciudad natal, donde recientemente había abierto un restaurante italiano. Los dos se acomodaron en la antigua casa de los padres del deportista, que ya habían fallecido, y Marilyn comenzó una relación de amistad con Marie, hermana de Joe y su futura cuñada, que había enviudado hacía poco. Esos días Marilyn sintió que realmente comenzaba a formar parte de una familia y manifestó a los periodistas que una de sus mayores ilusiones sería convertirse en una excelente ama de casa y que le gustaría llenar su hogar de niños.

Joe se tomó al pie de la letra estas palabras y le pidió a Marilyn que abandonara su carrera artística para que pudiera hacer realidad este sueño. Por supuesto la actriz se negó en rotundo y DiMaggio dijo que ella no ponía nada de su parte para alimentar su relación, mientras que a él su ex mujer le había restringido las visitas a su hijo por defender a Marilyn de todos los escándalos que había provocado. Después de esta discusión la actriz comprendió que su futuro marido era un celoso enfermizo, que se molestaba continuamente por todas las cosas que hacía y decía cuando ella se enfrentaba a los periodistas y confesaba detalles tan íntimos como que su vestido favorito era el albornoz sin nada debajo o que no utilizaba ropa interior porque le gustaba sentirse libre.

Otro hecho que molestó enormemente a DiMaggio ocurrió la noche del 3 de septiembre en Atlantic City, durante el estreno del filme *Me siento rejuvenecer,* cuando Marilyn apareció con un vestido tan escotado que los periodistas quisieron fotografiarla desde un plano cenital y retrataron tantos centímetros de su anatomía que la agencia United Press International decidió no publicar esas fotos.

Dos meses más tarde, Marilyn comenzó, junto a Jane Russel, el rodaje de *Los caballeros las prefieren rubias* a las órdenes de Howard Hawks.

Jane Russel fue cedida por la RKO para ayudar a Marilyn a soportar todo el peso de la película y le dio tantos ánimos ensayando durante los bailes que entre las dos surgió una gran amistad. En realidad este filme era la adaptación cinematográfica de un musical homónimo que había triunfado en el Ziegfeld Theatre de Nueva York, y que recoge los sueños y frustraciones de dos mujeres que quieren triunfar en su vida profesional y personal cuando viajan a París para trabajar en un club nocturno y se ven envueltas en la desaparición de una valiosa diadema de diamantes, tal y como recoge el tema principal del filme *Diamonds are a girl's best friend*, que cantan al unísono Lorelei Lee (Marilyn Monroe) y Dorothy Shaw (Jane Rusell). Posteriormente la actriz haría suyo el título de esta canción cuando manifestó en una entrevista que sin ninguna duda los mejores amigos de las mujeres eran los diamantes. Marilyn además interpretó otros números, como *Two little girls from Little Rock*, en relación a sus orígenes modestos, y el susurrante *Bye, bye, baby*. Precisamente nada más grabar este número bajo las indicaciones del coreógafo Jack Cole, Hawks dio por bueno el resultado en la primera toma, pero Marilyn, siguiendo las instrucciones de Natasha, quiso rodar esa secuencia hasta nueve veces consecutivas, sin que ninguna de ellas consiguiera superar a la original, por lo que el director enfadado echó del plató a la profesora, y la actriz chantajeó para lograr su vuelta provocándose vómitos, llegando tarde y encerrándose en su camerino alegando insoportables dolores de cabeza. Al final el célebre realizador tuvo que disculparse ante Natasha para cumplir las fechas previstas de rodaje.

Marilyn pasó las navidades de 1952 en compañía de Joe DiMaggio descansando antes de incorporarse a la filmación de una nueva comedia titulada *Cómo casarse con un millonario* y comenzó el nuevo año grabando *Do it again*, una canción pseudoerótica que los estudios no dejaron comercializar. Pero no fue éste el único disgusto con que la actriz felicitó el nuevo año a Darryl Zanuck, ya que antes de embarcarse en el nuevo largometraje envió a Charlie Feldman a renegociar su contrato con la Twentieth Century Fox. Entre sus reivindicaciones se encontraban subir de forma notable su salario de 750 dólares semanales, ya que todo el mundo la consideraba una verdadera estrella, e imponer una serie de acuerdos contractuales a la productora, que iban desde un permiso especial para no rodar cuando tenía la menstruación hasta el derecho a poder elegir o rechazar actores, cámaras y directores. Como es lógico Zanuck se negó en redondo a discutir este último punto, y aunque aceptó subir su sueldo hasta los 1.200 dólares semanales, las negociaciones se dilataron más de un año, con los consiguientes perjuicios ocasionados a ambas partes. El otro incidente que mortificó a los estudios ocurrió durante la fiesta de entrega de premios de la revista *Photoplay*, en la que Marilyn fue galardonada como actriz revelación y más popular del año, y apareció en la ceremonia con un retraso de una hora, muy sonriente, cogida del brazo de su amigo Sydney Skolsky y vestida con el traje de lamé dorado que había utilizado en una de las escenas de *Los caballeros las prefieren rubias*, concretamente en la que aparecía bailando junto a Charles Coburn. Su indumentaria era realmente provocativa, porque se ceñía tanto a su cuerpo que parecía un apéndice más de su fisonomía. El tejido con el que estaba fabricada era demasiado fino para lucirlo sin el cedazo de las cámaras y realmente daba la sensación de ir semidesnuda. Los hombres no podían quitar los ojos de Marilyn; Zanuck, que estaba presente en la ceremonia, no daba crédito a lo que veían sus ojos, y las mujeres se mostraron tan indignadas que Joan Crawford encabezó una cruzada en contra de la actriz y dijo a los periodistas allí reunidos: *Al público le gustan las actrices provocativas, pero deben saber que también somos damas, y a los hombres no les gusta Marilyn porque ella sólo sabe explotar el sexo... No olviden que somos las mujeres quienes elegimos las películas que vamos a ver en familia y Marilyn Monroe es tan tonta que se cree su propia publicidad.* De nuevo otro escándalo parecía salpicar la carrera de Marilyn, pero esta vez los estudios defendieron a su estrella y el departamento de publicidad publicó varias notas de prensa diciendo que no importaban los vestidos que luciera, porque su actriz era sexy por naturaleza y podía atraer a los hombres hasta embutida en un saco de patatas, y para demostrarlo publicaron unas simpáticas fotografías de Marilyn asomando su cabeza, brazos y piernas de un fardo de tubérculos. En una entrevista posterior la actriz dijo que ella se vestía para gustar a los hombres y no para que la criticaran las mujeres, y para terminar de zanjar este ridículo conflicto hasta los mismos organizadores de la gala, los directivos de la revista *Photoplay*, también salieron en auxilio de Marilyn publicando unas fotografías de Joan Crawford, cuando la actriz estaba comenzando su carrera, en las que sólo cubría su cuerpo con un provocativo bañador o aparecía ligeramente vestida por la escasez de sus ropas.

Cómo casarse con un millonario era una de las producciones más ambiciosas del año. Zanuck había aceptado pagar 50.000 dólares a Doris Lilly para realizar la adaptación cinematográfica de su novela, a la que Nunnally Johnson añadió pequeños *sketchs* de algunas obras de Broadway que estaban en cartelera con la intención de darle mayor comicidad y actualidad al guión, y además se iba a convertir en la primera comedia de la historia del cine filmada en Cinemascope.

Cuando Marilyn recibió el libreto de la película no quedó muy satisfecha con el personaje que debía interpretar, ya que debía personificar a una despistada rubia miope que no quería utilizar las gafas cuando estaba delante de algún hombre, y como ella misma utilizaba gafas en la intimidad creía que Zanuck le había ofrecido ese papel para mofarse de ella. Sólo consiguió sacarla de su error el director Jean Negulesco, que la aconsejó encarnar ese personaje porque, según sus propias palabras, *era un reto personal muy difícil y debía demostrar a todo el mundo que ella misma era sexo y que era capaz de aparecer provocativa y sensual ante cualquier situación, aunque sin gafas fuera más ciega que un murciélago.*

A pesar de los temores iniciales de Zanuck, que creía que las tres actrices protagonistas, Betty Grable, Lauren Bacall y Marilyn Monroe, podían entrar en una rivalidad sin precedentes, las tres mujeres se llevaron a las mil maravillas, y ni siquiera hubo enfrentamiento y tirantez entre las dos rubias de la Twentieth Century Fox, Grable y Monroe, porque la primera consideró a Marilyn su sucesora y delante de los periodistas declaró: *Marilyn es una autentica inyección de energía para el cine… Cariño, yo he tenido mi oportunidad, ahora tú debes aprovechar la tuya.*

Pero Marilyn estaba al borde de una depresión, tomaba tranquilizantes durante el día y sedantes por la noche. Además había adelgazado considerablemente por la tensión que sentía cuando se ponía delante de las cámaras y porque abusaba de las lavativas para que los vestidos se ajustasen a todos los pliegues de su anatomía después de eliminar los líquidos de su cuerpo. Y estos problemas se acrecentaron aún más cuando Negulesco expulsó del rodaje a Natasha Lyness en la segunda semana de abril, porque no hacía más que desestabilizar a la actriz diciendo que debería repetir varias tomas que el director ya había dado por buenas. Al día siguiente Marilyn llegó tarde al plató y a las pocas horas se encerró en su camerino insinuando que tenía una bronquitis que le impedía hablar y que padecía unos fuertes dolores de cabeza. Cuando Negulesco dijo que podía volver Natasha, la profesora exigió que le subieran el sueldo y que el director le pidiera perdón públicamente. Sólo entonces pudieron finalizar el rodaje de esta comedia cuyas protagonistas eran tres atractivas mujeres que deciden alquilar un apartamento en Manhattan y dedicarse a la caza y captura de hombres adinerados.

El 26 de julio Marilyn Monroe y Jane Russell inmortalizaban sus manos y sus pies en la acera del Teatro Chino de Hollywood Boulevard. Para captar la imagen se reunieron allí varias decenas de periodistas y Marilyn sorprendió a todos cuando dijo: *¿Qué os parece si en lugar de perpetuar nuestras manos y nuestros pies, Jane deja la señal de sus pechos y yo me siento para marcar mis nalgas?* Hacía un mes que había finalizado el rodaje de *Cómo casarse con un millonario*, Marilyn estaba otra vez en plena forma y a punto de viajar de nuevo a Canadá para rodar a las órdenes de Otto Preminger el *western Río sin retorno*.

XVI.   SEPTIEMBRE NEGRO

Trabajar con Marilyn es más difícil que hacerlo con la perra Lassie,
al menos el animal necesita menos tomas para conseguir la definitiva
(Otto Preminger).

En honor a la verdad, la interpretación que Marilyn hizo de la cantante de *saloon* Kay Weston no puede considerarse entre las mejores de
su filmografía, porque en *Río sin retorno* declama sus palabras de forma
exagerada hasta alcanzar cierto toque cómico, sobre todo si tenemos en
cuenta que debe navegar junto a Robert Mitchum y Tommy Rettig por
aguas salvajes en una barca insegura, sin un rifle que echarse al hombro
y con los indios pisándoles los talones. Además, como todos sus prede-
cesores, Otto Preminger, el director de la película, no tardó en tener su
primer enfretamiento con Natasha, a la que una vez más volvió a expulsar del rodaje y en esta ocasión, como se estaban filmando las escenas en
exteriores, Marilyn no pudo encerrarse en su lujoso y cálido camerino,
por lo que simuló una caída al bajarse de la balsa y dijo que se había hecho
daño en el tobillo. Las fotografías que se publicaron en los periódicos
norteamericanos al día siguiente fueron alarmantes, con una Marilyn que
tenía la pierna vendada y valiéndose de unas muletas para poder andar.
Afortunadamente para Preminger, pocos días más tarde apareció por el
rodaje Joe DiMaggio, que con la excusa de que había ido hasta allí para
pescar en las cristalinas aguas canadienses quería comprobar con sus propios ojos el alcance de la lesión y vigilar estrechamente a su novia para
que no tuviera con Robert Mitchum ningún contacto que fuera más allá
de lo estrictamente profesional.

Ya de regreso, cuando estaban filmando en los estudios de Los Angeles,
Marilyn dio pruebas de su gran humanidad al ordenar que sustituyeran
al técnico que se encontraba debajo de la balsa y que era el encargado de
regar a los dos protagonistas con una manguera a presión y simular así
que les mojaba el agua de los rápidos, porque estaba aterido de frío.
Cuando la actriz se negó a seguir rodando hasta que su orden se hiciera
efectiva, Robert Mitchum dijo que a él también le sustituyeran porque

estaba morado de congelación precisamente por culpa de aquel hombre. Probablemente éste fue el único momento agradable de todo el rodaje, porque el fuerte carácter de Otto Preminger se encontraba constantemente con la intrasigencia de Natasha y se cree que fue el legendario director quien filtró la noticia de estos desacuerdos a un periodista que al día siguiente publicó en su periódico: *Marilyn no sabe actuar sin la presencia de su profesora de interpretación.*

Tampoco fue muy agradable para Marilyn saber que en septiembre se habían vuelto a reeditar sus controvertidas fotografías del calendario *Sueños dorados*, y que una nueva revista, que sería conocida en todo el mundo con el nombre de *Playboy*, iba a salir al mercado en diciembre mostrando su desnudo en la portada como chica del mes. Por entonces ya se podían comprar en el mercado negro películas pornográficas que aseguraban en sus carátulas estar protagonizadas por Marilyn Monroe, aunque en realidad eran otras actrices, también voluptuosas, que utilizaban una peluca rubia y unos vestidos similares a los que había lucido Marilyn en algunas de sus películas más populares para disfrazarse de ella.

También en el mes de septiembre Marilyn tuvo conocimiento de la muerte de Grace McKee, que se había suicidado con una sobredosis de somníferos mezclados con alcohol, pero al igual que sucediera con el fallecimiento de Ana Lower, la actriz tampoco quiso ir al funeral de una persona a la que en otro tiempo había querido más que a su madre. Al mes siguiente, un portavoz del clero católico de Nueva York sorprendió a todos los lectores de los periódicos al declarar que el alma de los Boy Scouts norteamericanos estaba perdida, porque según una encuesta el 87 % de ellos soñaba con tener un encuentro con Marilyn Monroe, mientras que el 13 % restante prefería ser recibido por el cardenal Spellmann. Incluso el personaje que interpretaba en *Cómo casarse con un millonario* dio origen a *Little Annie Fanny*, protagonista de uno de los *cómics* más populares que se editaron en la revista *Playboy*. Todas estas revelaciones comenzaban a acrecentar la fama de una actriz que había calado tan hondo en los espectadores que la sociedad ya comenzaba a considerarla un mito viviente.

El 4 de noviembre se estrenó *Cómo casarse con un millonario*, Marilyn aún continuaba rodando algunas secuencias que se habían quedado sueltas de *Río sin retorno* y tenía serios problemas económicos y artísticos con la productora, ya que los directivos se negaban a aceptar todas sus demandas. Pero cuando apareció en la *prémiere* delante de su público lo hizo sonriente y arropada por Lauren Bacall y Humphrey Bogart, y por primera vez habló de la envidia que existía a su alrededor, justo debajo de un cartel publicitario que rezaba: *Convierta en realidad el sueño de casarse con un millonario con las lecciones que Marilyn Monroe, Betty Grable y Lauren Bacall dan todos los días en el cine.* Seguramente hizo este comentario en clara referencia a su profesora de arte Natasha Lytess, que cobraba más dinero que ella y además tenía la osadía de pedirle prestados varios miles de dólares para pagar la hipóteca de su casa, argumentando que si Marilyn se había convertido en toda una estrella había sido gracias a ella. En honor a la verdad habría que reconocer que desde que la actriz se había unido sentimentalmente a Joe DiMaggio, la relación entre ella y la temperamental y absorbente Natasha se había ido deteriorando cada vez más. Joe hacía todo lo posible para que su novia se alejara de su profesora y viceversa, pero la gota que desbordó el vaso fue cuando la actriz apareció en la fiesta con el ya célebre vestido de lamé y Natasha le pidió una indemnización porque decía que esa actitud tan inconsciente había perjudicado gravemente su reputación.

También en el mes de noviembre la revista *Look* publicó una serie de fotografías de Marilyn que fueron la envidia de la industria cinematográfica. El autor de los retratos fue el popular fotógrafo Milton H. Green, que anteriormente había sido amante de la actriz cuando estaba unida sentimentalmente a Johnny Hyde, y lo que más destacaba de Marilyn fueron sus manos y su rostro ingenuo y dulce. Realmente daba la sensación de que el lector podía indagar en el interior de la modelo porque mostraba una imagen completamente diferente a lo que estaba acostumbrado a ver. El reportaje sorprendió a todo Hollywood porque Milton había conseguido retratar el alma de Marilyn, vestida con un jersey de cuello alto, y a partir de entonces modelo y fotógrafo entablaron una relación comercial y de amistad tan estrecha que posteriormente daría origen a la fundación de la propia productora de Marilyn Monroe.

Precisamente fue Milton Green, junto a Joe DiMaggio —que aspiraba a que su futura mujer abandonase su carrera artística—, la persona que más influyó para que Marilyn se enfrentara abiertamente a la Twentieth Century Fox. Después de la excelente acogida que había recibido por *Cómo casarse con un millonario*, cuyas críticas favorables habían traspasado las fronteras estadounidenses y habían llegado a París, donde el prestigioso *Cahiers du Cinema* publicó: *Tres jóvenes chicas a la caza de un millonario, que es el ideal de las chicas americanas. Sólo Marilyn Monroe, que interpreta a una joven y seductora miope (obligada a llevar unas gafas diabólicamente diseñadas), hace la película soportable,* y en *Cinematographie Française* podía leerse: *Marilyn Monroe encarna su papel con gran acierto. Interpreta el rol de una joven mujer miope. Podemos comprobar que Marilyn, no contenta con sus atributos físicos y su gran publicidad, hace también gala de su talento para la comedia,* Marilyn se encontró con una fortaleza anímica tan grande que lanzó un órdago a Darryl Zanuck, negándose a interpretar *Girl in pink tights* y marchándose a San Francisco para ayudar a Joe con los preparativos de la boda.

A partir de entonces entre los productores y Marilyn se cruzaron una serie de acusaciones que parecían destinadas a la ruptura definitiva de la relación que unía a ambas partes, y si los primeros decían que el guión era perfecto para Marilyn y que por contrato no estaban obligados a enviárselo, la actriz respondía que la película parecía un *remake* de otro largometraje que ya había interpretado anteriormente Betty Grable y que lo único que buscaban en la Twentieth Century Fox era que se exhibiera por la pantalla con unos ceñidísimos pantalones de color rosa. Nada más comenzar 1954, la productora suspendía de empleo y sueldo a su actriz más taquillera, la que había hecho que sus películas recaudaran más de 25 millones de dólares.

XVII. DESTINO: TOKIO

Marilyn me telefoneaba a altas horas de la madrugada para decirme que Joe la pegaba y maltrataba (Walter Lang).

El 14 de enero, Marilyn Monroe y Joe DiMaggio se convirtieron en marido y mujer en el Ayuntamiento de San Francisco. Los dos cónyuges hubieran preferido sellar su matrimonio por la Iglesia, pero a pesar de todas las peticiones que hizo Marilyn para convertirse al catolicismo siempre fue rechazada porque se trataba de una mujer divorciada. Por su parte Joe, que tenía unas profundas creencias religiosas, fue excomulgado desde el mismo momento que firmó su contrato de matrimonio civil con Marilyn Monroe, aunque en 1962 el Papa Juan XXIII revisaría su caso durante la celebración del Concilio Vaticano II. La pareja recibió numerosas muestras de cariño y felicitaciones de todo el mundo, mientras que los estudios sólo enviaron dos escuetas notas de prensa informando de que una de sus actrices más prometedoras, de veintisiete años de edad, había contraído un nuevo matrimonio.

Dos semanas más tarde, los recién casados iniciaron su luna de miel en compañía de Frank O'Dul y su esposa. Ambos eran íntimos amigos de Joe y eligieron como destino Tokio, ya que las autoridades japonesas los habían invitado a presenciar unos partidos de béisbol, porque estaban intentando introducir este deporte en el país. Despúes de realizar una pequeña escala en Honolulu, los dos matrimonios continuaron su viaje hasta Japón. Allí su recibimiento fue tan apoteósico que tuvieron que escapar de la multitud por la trampilla de equipaje y cuando llegaron a su hotel, el camino que los separaba desde el coche hasta la puerta acristalada del establecimiento se hizo interminable. Los policías apenas podían contener a una gran masa de gente que chillaba enfervorecida *Mon-Chan, Mon-Chan*, que en japonés significa *Dulce niña*, y Marilyn sintió tanta angustia que le dijo a su marido que quería regresar a su casa. Despúes de este multitudinario recibimiento Joe comprobó que aunque él era el invitado oficial y su mujer la acompañante, en realidad los papeles estaban cambiados. Una apreciación que le sacó de dudas al día siguiente, cuando en la rueda de prensa la mayoría de las preguntas iban dirigidas a Marilyn y él se quedó relegado a un segundo plano. En este encuentro con los periodistas, la actriz confesó que sus dos mejores amigas eran Jane Russell y Betty Grable y que como estaba en Japón en lugar de utilizar albornoz usaría un kimono... sin nada debajo.

Entre los asistentes a esta rueda de prensa se encontraba el general Christenberry para pedir a Marilyn que realizara una visita a las tropas norteamericanas destacadas en Corea. La actriz aceptó gustosa y Joe, al que no le pareció una buena idea separarse de su mujer durante la luna de miel, dio su consentimiento a regañadientes y para evitar que se le acusara de antipatriota. Cuando llegó a Seúl, Marilyn descendió del helicóptero vestida con ropa militar, una indumentaria que cambió rápidamente por un vestido escotado y de tirantes para actuar delante de unos soldados que gritaban sin parar su nombre y mostraban orgullosos la foto de la actriz desnuda y popularizada por el calendario *Sueños dorados*. Marilyn cantó bajo la nieve algunos de los temas que había interpretado en sus películas, como *Diamonds are a girl's best friend*, *Bye, bye, baby*, *Somebody love me*, *Do it again* o *Kiss me*, y firmó miles de autógrafos durante las diez representaciones que llevó a cabo en Corea. En los días que visitó a las tropas norteamericanas actuó delante de 10.000 soldados y se despidió de ellos completamente emocionada y con graves problemas de voz, que degeneraron primero en una fuerte laringitis y más tarde en una gripe que la mantuvo en la cama y con fiebre durante varios días.

Cuando Joe y Marilyn regresaron a Los Angeles supieron que Charlie Feldman había negociado directamente con el presidente de la Twentieth Century Fox, Spyros Skouras, las reivindicaciones de Marilyn Monroe. Skouras por fin se había mostrado dispuesto a reconsiderar la postura de los estudios, pero no ocurría lo mismo con Darryl Zanuck, y sin el consentimiento de este último él no se atrevía a firmar el nuevo contrato. Las reclamaciones de Marilyn se resumían en tres puntos claves: Subida de sueldo, no rodar más de dos películas al año y tener derecho a elegir el guionista, cámaras y director de cada uno de sus filmes. Ya como una última pataleta los estudios enviaron una nota de prensa a los medios diciendo que el productor Sol C. Siegel, que ya había trabajado con Marilyn en *Los caballeros las prefieren rubias*, y el director Henry Coster, estaban preparando un nuevo musical en Cinemascope titulado *Girl in pink tights*, y que para comenzar el rodaje sólo faltaba la incorporación de la señorita Monroe.

Marilyn contraatacó esta nota argumentando que en cada actuación que realizaba llevaba implícita su dignidad y que los estudios no deberían tenerla muy en cuenta cuando ella iba a cobrar 1.500 dólares semanales, mientras que el sueldo de su *partenaire* masculino, Frank Sinatra, quien por cierto era íntimo amigo de Joe DiMaggio, ascendía a 5.000 dólares semanales, tres veces más que lo que ella iba a percibir. Finalmente *Girl in pink tights* nunca llegó a realizarse y Marilyn aceptó volver al trabajo cobrando 100.000 dólares por película mientras se dicutían sus otras reivindicaciones.

Precisamente las críticas adversas que había cosechado la película *Río sin retorno*, que se podrían resumir en la publicada en el *New York Post* con la siguiente reseña: *La señorita Monroe es la única nota vibrante de la película. Aunque ella representa el instinto natural, el aspecto artificial de su caracterización y maquillaje acaba contraponiéndose a la propia naturaleza*, hicieron que aceptara intervenir en el film de Walter Lang *Luces de candilejas* (*There's no business like show business*), siempre que fuera la protagonista de *La tentación vive arriba* (*The seven year itch*), la versión cinematográfica de la obra de teatro que estaba triunfando en Broadway esa temporada y que iba a dirigir Billy Wilder, el gran maestro con el que ella quería trabajar.

Los estudios aceptaron esta demanda y a finales del mes de mayo se incorporó al rodaje de *Luces de candilejas*, un musical ambientado en el mismo *vaudeville*, que está protagonizado por una familia cuyos miembros desde su más tierna infancia viven por y para las tablas. A ellos se incorporará más tarde Vicky, papel interpretado por Marilyn Monroe, que abandona su puesto en un guardarropa para convertirse en una gran artista amparada en los escenarios por la familia de su novio.

Marilyn apareció radiante y feliz en el plató y desde el primer día intentó no causar ningún problema para que le permitieran rodar con Billy Wilder, pero no pudo ocultar su malestar cuando comprobó que Donald O' Connor, su novio en la ficción, era más bajo que ella y que Walter Lang la obligaría a descalzarse en más de una ocasión cuando debía filmar a los dos juntos en planos cortos. En una entrevista posterior que le hicieron antes de estrenarse el filme manifestaría su disgusto con las siguientes palabras: *La comedia es muy simpática y va a gustar a todo el mundo menos a mí, porque no me encontré muy cómoda en el papel... Donald O'Connor no era precisamente mi pareja ideal. Era demasiado bajito y muy movible. Además parece mi nieto, aunque es mayor que yo.*

La acriz tuvo que medirse con grandes artistas y cantantes ya consagrados, como Ethel Merman, Dan Dailey o Mitzi Gaynor, y para no desentonar con ellos se esforzó al máximo durante los ensayos. Pero mientras el autor de las canciones, Irving Berlin, quedó más que satisfecho con la interpretación de la actriz, no ocurrió lo mismo con el coreógrafo Robert Alton, y hasta que una persona de su confianza, como era Jack Cole, no llegó al plató para darle seguridad, ella no pudo terminar los números de baile. Finalmente en los títulos de crédito de la película aparecerían como responsables de coreografía Robert Alton y Jack Cole.

El primer número musical que interpreta Marilyn es *After you get what you want*, donde ya aparece realmente deslumbrante. Posteriormente mostrará sus aptitudes con la tórrida canción *Heat weave*, que hizo subir la temperatura de los espectadores al presentarse tocada con un sombrero al estilo de Carmen Miranda en un número que fue prohibido en España, y *Lazy*, una canción que inmortalizó tumbada en un sofá y hablando por teléfono. También intervino en el número final de *There's no business like show business*, que era realmente el grito de batalla de la familia Donahue. Pero a pesar de estos aceptables resultados finales, Marilyn siempre recordará este rodaje como uno de los más incómodos de toda su carrera, sobre todo porque se consideraba incapaz de cantar y de bailar como lo hacían sus compañeros de reparto, a pesar de que se esforzaba enormemente en todos los ensayos. Para el director Walter Lang, esta inseguridad en sí misma estaba motivada por su falta de preparación artística y por la crisis que comenzaba a aflorar en su recién estrenado matrimonio, lo que le impedía descansar las horas necesarias y le terminó por provocar la dependencia continua de barbitúricos.

Que Joe DiMaggio y Marilyn Monroe no estaban atravesando precisamente su mejor momento comenzó a ser un secreto a voces a mediados del mes de mayo, cuando alquilaron una casa en Palm Drive, muy cerca de donde la actriz debía rodar, y justo después de que la Liga de Padres de América hiciera pública su popular lista de los diez matrimonios más felices de 1954 situando a la pareja en tercer lugar. Antes de llegar a esta situación Marilyn estaba decepcionada con el comportamiento de su marido. Si viajaba ella sola, Joe la llamaba continuamente para decirle que estaba muy triste y solo sin ella. Si estaban los dos juntos, él se ponía a ver los partidos de béisbol en la televisión y se enfadaba cuando su mujer hablaba continuamente por teléfono. Además intentaba por todos los medios que Marilyn abandonara definitivamente su carrera artística para crear una familia y se ponía de muy mal humor cuando ella se vestía de forma provocativa y nunca llevaba bragas ni sujetador cuando salían a cenar. También Joe debía soportar los nervios de su esposa cuando comenzaba a preparar los papeles de su próxima película y se convertía en una mujer huraña, egoísta y dependiente de las pastillas.

Ante la aparición constante de rumores que hablaban de su próximo divorcio, Marilyn concedió una entrevista a la periodista Sheilag Graham, en la que dijo encontrarse absolutamente feliz en su matrimonio y que entre sus planes sólo entraba tener uno o dos hijos, y no seis como había manifestado su marido en más de una ocasión. También aprovechó ese momento para negar que Joe DiMaggio pensara introducirse en el negocio de la producción cinematográfica y televisiva, tal y como se había comentado. Pero desgraciadamente pronto se demostró que Marilyn había mentido en esta entrevista. Primero, porque Joe nunca aparecía a buscar a su mujer cuando terminaba de trabajar, como solía hacer cuando eran novios, y el único día que se dejó ver por los estudios y se fotografió con el músico Irving Berlin fue porque quería ver los ensayos de la cantante Ethel Merman, a la que admiraba desde hacía muchos años; segundo, porque cuando le pidieron retratarse con su esposa él accedió hasta que vio a Marilyn con un traje bastante provocativo y dijo que en esos momentos no estaba vestido para la ocasión. Tercero, porque Marilyn estaba siempre nerviosa y se equivocaba continuamente cuando debía recitar más de dos frases seguidas del guión. Y cuarto, porque comenzaron a correr rumores de una posible relación sentimental entre la actriz y el profesor de canto Hall Schaefer, incluso se comenta que una noche del mes de julio el músico intentó suicidarse con barbitúricos ante una inminente ruptura sentimental, pero que la actriz le había acompañado varios días en el hospital de Santa Mónica para que se le hiciera más llevadera la separación. Claro que también se reveló que el final del idilio vino motivado por las amenazas de muerte que había recibido por parte de unos amiguitos de Joe y de Frank Sinatra que pertenecían a la Mafia.

Por si estos ejemplos no fueran suficientes, Marlon Brando metió aún más el dedo en la llaga cuando un día se acercó al rodaje de la película y vio que Marilyn tenía una herida en un brazo; al preguntarle cómo se la había hecho, la actriz bajó los ojos y dijo que ella misma se había mordido.

Cuando el 8 de diciembre se estrenó *Luces de candilejas*, la crítica acogió la película de forma desigual, y mientras en *Cinematographie Française* podía leerse: *Marilyn Monroe en sus bailes pone un ardor volcánico que sobrepasa todas sus anteriores creaciones*, el *New York Times* reflejaba: *Cuando se trata de descubrir su talento, la señorita Gaynor acaba ganando a la señorita Monroe, cuyos movimientos y contoneos en* Heat weave *y* Lazy *resultan muy difíciles de soportar*. Pero cuando se publicaron estas críticas, Joe DiMaggio y Marilyn Monroe ya se habían divorciado.

75

XVIII.   LA VIDA EN NUEVA YORK

Marilyn Monroe nunca llegó a tiempo. Ni una sola vez... Ni una. Evidentemente tengo una tía en Viena que siempre llega a la hora, pero ¿quién querría verla en una película? (Billy Wilder).

Al finalizar el rodaje de *Luces de candilejas*, Marilyn viajó a Nueva York por dos motivos muy diferentes: porque al fin debía filmar varias escenas de *La tentación vive arriba* bajo la dirección del deseado Billy Wilder, y porque tenía la esperanza de convencer a Joseph L. Mankiewicz para que la eligiera como protagonista de su próxima película, *Ellos y ellas (Guys and dolls)*, en la que podría compartir cartel con Marlon Brando, el actor al que más admiraba en esos momentos. Pero cuando llegó a Nueva York y llamó a Mankiewicz para comunicarle sus deseos, le sorprendió enormemente su respuesta: *Marilyn, ponte más ropa y deja de mover el culo de esa manera. Además, ese papel ya está asignado a Jean Simmons.* Marilyn admiraba al legendario director después de trabajar con él en *Eva al desnudo* y jamás podía imaginar que la contestara de esa forma, sin llegar a sospechar que ya habían llegado a los oídos de Mankiewicz las tretas utilizadas por la actriz para tener en vilo a unos estudios como la Fox y las presiones a las que había sometido a Edmond Goulding, el director de la Metro, para hacerse con el papel, aprovechándose de su amistad.

Tan sorprendida quedó Marilyn que no comprendía cómo la industria cinematográfica no demostraba por ella el menor aprecio cuando unos minutos antes, en el aeropuerto de Nueva York, había sido tan aclamada por la multitud que se tuvieron que retrasar varios vuelos. La actriz, indignada, decidió vengarse de esta situación y citó a Milton Greene y a su abogado Frank Delaney en el hotel para que rescindieran el contrato con la Fox, ya que echaba la culpa injustamente de este rechazo a Darryl F. Zauck. Después de hacerla entrar en razón, en esa conversación se llegó al acuerdo de crear la Marilyn Monroe Productions, Inc., bajo la supervisión de Greene, porque así cualquier otra productora que quisiera contratarla estaría obligada a tratarla como una empresa más que como a una actriz, y en esa nueva posición ella podría exigir las mismas condiciones que un estudio cinematográfico más, aunque esos planes no se harían efectivos hasta finalizar el rodaje de *La tentación vive arriba*.

Precisamente una de las mejores cosas que podían pasarle a Marilyn en ese momento era trabajar con Billy Wilder, un hombre que la iba a entender y comprender a las mil maravillas siguiendo una de sus máximas más populares: *Un director debe ser policía, comadrón, psicoanalista, adulador y cabrón*. Él, al igual que Marilyn, también se había enfrentado a la industria y con su sórdido e inteligente humor siempre conseguía decir frases interesantes que dejaban al descubierto algunos de los lados más oscuros de Hollywood. Ahora los dos se encontraban por primera vez y ambos querían trabajar juntos. Marilyn había luchado lo indecible para ser ella la protagonista y Wilder la había solicitado desde el primer momento y había puesto como condición indispensable para hacerse cargo del proyecto contar con la actriz rubia platino. Como contraprestación, el director tuvo que ceder el papel masculino a Tom Ewell, que había representado con gran éxito la obra en los escenarios, en detrimento de Walter Matthau, su amigo personal y, junto a Jack Lemmon, uno de sus actores fetiches.

La película era la versión cinematográfica de una obra de teatro escrita por George Axelrod, al que también se le encargó el guión del filme junto al propio Wilder, y recogía la historia de un hombre que se ha quedado solo en su casa mientras su mujer y sus hijos se han ido de vacaciones. En su situación de *Rodríguez* debe hacer frente a sus irreprimibles deseos sexuales para no tener una aventura con su espectacular vecina de arriba. Tanto Wilder como Axelrod tuvieron que sudar tinta para sortear con fortuna el tristemente célebre código Hays, al rondar en el argumento siempre el adulterio como telón de fondo.

El rodaje de exteriores comenzó el 13 de septiembre y en la primera escena Marilyn se asoma a la ventana de su casa secándose el pelo con un secador y trata de llamar la atención de Tom Ewell. Aunque esta secuencia era bastante inocente, no ocurrió lo mismo con la que se filmó en Lexington Avenue, a las mismas puertas del Translux Theater; en ella aparecían paseando Marilyn y Tom Ewell y al pasar por encima de la rejilla de ventilación del metro, una ráfaga de aire levantaba las faldas de la actriz ante la mirada atónita de su acompañante. Esta inmortal imagen en la que Marilyn mostraba toda la longitud de sus piernas motivaría el divorcio con Joe DiMaggio.

Wilder mandó repetir la toma una y otra vez durante más de tres horas para deleite de los fotógrafos y del público asistente, que observaban con grandes ovaciones cómo la actriz mostraba sus bragas blancas mientras un gran ventilador situado debajo de ella levantaba su vestido hasta los hombros. Lo peor de todo es que Joe DiMaggio llegó casualmente al rodaje y al ver la pasión que desprendía su mujer al enseñar complaciente más de lo que su decoro le permitía decidió en ese preciso momento irse del rodaje y de la vida de Marilyn Monroe. Posteriormente el propio Wilder dijo que jamás podría olvidar la cara descompuesta de Joe. Como era de esperar, esas escenas no pasaron el código Hays y más tarde se tuvieron que repetir en un estudio cerrado con el vestido sólo levantándose hasta un poco más arriba de las rodillas y un primer plano de la cara agradecida de Marilyn por la brisa que había recibido. Las fotos de la primera sesión se utilizaron únicamente como reclamo publicitario.

A la mañana siguiente la actriz llegó al rodaje malherida y con algunos arañazos en sus brazos, que tuvieron que ser disimulados con maquillaje. Además, en cuanto vio a Billy Wilder se enfrentó a él diciéndole: *Espero que las tomas que hiciste no sirvan únicamente para divertirte con tus amigotes de Hollywood.* Pocos días más tarde Joe abandonaba el hogar familiar y Marilyn comenzó a llegar de nuevo muy tarde a los rodajes. Según Tom Ewell, en ocasiones no se presentaba a trabajar hasta el mediodía, cuando debería hacerlo a las ocho de la mañana, tomaba pastillas constantemente y cuando no se sabía el guión ponía las excusas típicas de una colegiala.

El 27 de octubre Marilyn Monroe y Joe DiMaggio firmaron su divorcio, los papeles fueron redactados por el célebre abogado Jerry Giesler. La causa alegada en esta separación era «incompatibilidad por sus respectivas carreras», aunque en ruedas de prensa posteriores la actriz dijo que el matrimonio le había traído mucho sufrimiento y angustia mental. Oficialmente Joe y Marilyn continuaron siendo marido y mujer durante un año más, ya que según la ley de California el divorcio no se hace efectivo hasta un año más tarde después de entregar la solicitud. El matrimonio entre dos de las personalidades que más admiraban los americanos había durado sólo nueve meses y Marilyn retuvo de él la amistad que más tarde volvió a encontrar con su antiguo marido y el nombre que aparece en su carnet del sindicato de actores: Norma Jean DiMaggio.

El mismo día que firmó su divorcio, Billy Wilder dio permiso a Marilyn para que abandonara el rodaje, diciéndole que sólo volviera al día siguiente si se encontraba bien. En esos momentos los productores estaban temblando porque no sabían si suspender la filmación durante algún tiempo o forzar al máximo la reincorporación de su estrella. Pero no hizo falta tomar ninguna de estas dos decisiones, porque a la mañana siguiente la actriz se presentó en el plató a su hora y tan animada que cuando se estaba rodando una escena en la que ella bajaba en camisón por las escaleras hacia el apartamento del vecino, Billy Wilder mandó cortar a los operadores para decirle a la actriz que normalmente nadie llevaba un sujetador debajo del camisón; y Marilyn contestó: *¿Qué sujetador?*, cogió la mano del director y se la puso contra su pecho para que un sorprendido Wilder comprobara personalmente que era verdad lo que estaba diciendo.

Su estado anímico había experimentado un cambio de ciento ochenta grados y hasta la misma Natasha Lytess, que se había alegrado enormemente del divorcio, dijo que Marilyn estaba en plena forma y tan segura de sí misma que ella apenas había tenido que intervenir. El rodaje de la película finalizó el 4 de noviembre y cuando le preguntaron a Billy Wilder si estaba satisfecho con el trabajo de la actriz, el realizador contestó: *¿Que si estoy satisfecho? La presencia de Marilyn traspasa la pantalla, y al verla tienes la impresión de que basta alargar la mano para poder tocarla... Además debemos pensar en el producto acabado y perdonarle todo a Marilyn.* Posteriormente los estudios organizaron una fiesta en el restaurante Romanoff y la actriz, que como siempre volvió a llegar tarde, recibió un multitudinario homenaje de sus compañeros de profesión con la presencia de Claudette Colbert, Clark Gable, William Holden, Gary Cooper, James Stewart, Humphrey Bogart o Lauren Bacall.

La tentación vive arriba se convirtió en un éxito tan clamoroso de público que fue la película más taquillera del año y la segunda de la década de los cincuenta, sólo superada por *Cómo casarse con un millonario*, y curiosamente las dos estaban protagonizadas por Marilyn Monroe. Los estudios no pudieron negarse por más tiempo a la evidencia, sobre todo después de leer unas críticas que fueron unánimemente favorables y que si en Estados Unidos el *Daily Mirror* publicaba: *Hay que felicitar a la señorita Monroe por aguantar el peso de casi toda la comedia. Su manera de expresarse, sus labios fruncidos, la convierten en una de las máximas atracciones de Hollywood, condición a la que ella hace de nuevo honor incorporando aquí a una chica no demasiado inteligente*, en Europa el crítco de la *Cinematographie Française* escribió: *Marilyn realiza una interpretación muy natural, unida a su candor y sensualidad dinámica. En ella pueden coincidir los dos extremos y, gracias a su realización, podemos comprobar un gran resultado.* Darryl Zanuck firmó un nuevo preacuerdo con la actriz: se aumentaba su sueldo en 500 dólares, realizaría cuatro películas en siete años y podía vetar a los directores que le ofrecieran los estudios. Marilyn presentó una primera lista de realizadores con los que accedería a trabajar con cuatro nombres: George Cukor, Billy Wilder, John Huston y Joshua Logan.

Pero el 7 de noviembre Marilyn ingresó urgentemente en el hospital Cedars of Lebanon por los fuertes dolores menstruales que padecía. Se le diagnosticó una endometritis y fue operada por el doctor Leon Krohn, quien a partir de entonces se convertiría en su ginecólogo personal y fue el encargado de comunicarle de la manera más suave posible que le sería difícil tener hijos, pero que al menos le desaparecerían los dolores y las pérdidas de sangre que había sufrido hasta entonces. La persona que más tiempo pasó en el hospital junto a Marilyn fue Joe DiMaggio, que continuaba perdidamente enamorado de la que fue su mujer. Pero cuando volvieron a surgir los rumores sobre una posible reconciliación los dos dijeron que únicamente eran buenos amigos y mantuvieron esta amistad hasta el resto de su vida.

A mediados del mes de diciembre, la actriz estaba completamente recuperada y en una entrevista confesó que su corazón aún no estaba cerrado para Joe DiMaggio, que el mejor piropo con que la habían obsequiado había salido de los labios de William Powell mientras rodaban juntos *Cómo casarse con un millonario* cuando la comparó con Jean Harlow y no precisamente por su físico, sino por su carácter y sus aptitudes artísticas, y que le gustaría subirse a un escenario para interpretar una obra de teatro.

Prácticamente en esta entrevista la actriz había adelantado algunos de sus futuros planes, porque antes de finalizar el año se refugió en casa del matrimonio Greene en Conneticut para preparar todos los estatutos y el papeleo de la Marilyn Monroe Productions, Inc. Como es lógico ella sería la presidenta y tendría el 51 % de la acciones, mientras que Milton actuaría como asesor particular y vicepresidente con un activo del 49 % de las acciones. La idea de Milton Greene, que era un gran amante del cine, consistía en fundar una productora completamente independiente de los estudios que dominaban en Hollywood y acoger en ella a todos los actores, directores y productores que, como Marilyn, no quisieran someterse a la tiranía de una industria dirigida por cuatro nombres como si fuera un monopolio. Además, Marilyn ya había decidido prepararse a conciencia y creía que la mejor manera para curtirse como actriz y superar el miedo escénico era representando una obra teatral.

Con la llegada del nuevo año, Marilyn convocó una multitudinaria rueda de prensa para anunciar a los periodistas el nacimiento de su nueva productora y que a partir de entonces sólo trabajaría para ella, por lo que consideraba que *La tentación vive arriba* era la última película que la unía a la Twentieth Century Fox. Sin embargo, la acogida de la prensa no fue tan apoteósica como Marilyn esperaba y se disgustó enormemente cuando oyó decir a un periodista que hubiera preferido que el nacimiento de una nueva Marilyn hubiera consistido en un cambio del color de su pelo y no en la fundación de una productora. A quien tampoco le hizo mucha gracia este anuncio fue a Darryl Zanuck, quien llegaría a manifestar que *si La tentación vive arriba es la última película de Marilyn para la Fox, también lo será para cualquier otro estudio en los próximos*

81

tres años, ya que tenemos un contrato firmado con la actriz y pensamos respetarlo hasta las últimas consecuencias.

Con las negociaciones prácticamente rotas entre ella y la Fox, la actriz rechazó protagonizar las películas *La chica del trapecio rojo* (*The girl in the red velvet swing*) y *The revolt of Mamie Stower*, por lo que decidió abandonar Los Angeles e instalarse en Nueva York. Durante un tiempo ocupó una suite en el hotel Gladstone, en Lexington Avenue, y posteriormente se trasladó a un apartamento en el Waldorf Towers que le había encontrado Milton Greene.

Marilyn estaba encantada con este nuevo cambio que había experimentado su vida, aunque también le preocupaba su situación económica, ya que en esos momentos prácticamente la estaban manteniendo los Greene, que veían en ella una inversión segura. Para cumplir uno de sus sueños más deseados la actriz telefoneó a Elia Kazan pidiéndole que intercediera por ella ante Lee Strasberg y le permitiera matricularse en el Actor's Studio.

XIX. LAS ENSEÑANZAS
DE LEE STRASBERG

A veces la fama que se ha creado a mi alrededor me asusta. Hay gente que no conozco y que es capaz de quererme sin conocerme siquiera. Y de la forma que ahora me quieren un día pueden llegar a odiarme (Marilyn Monroe).

El Actor's Studio se había hecho enormemente popular en aquella época porque los últimos actores que estaban en boga y revolucionando Hollywood con sus interpretaciones, como Marlon Brando, James Dean, Montgomery Clift, Paul Newman, Lee Remick, Rod Steiger, Kart Malden, Shelley Winters o Jack Palance habían salido de esta peculiar escuela fundada por Elia Kazan, Robert Lewis y Cheryl Crawford. Los tres eran continuadores del célebre Group Theatre, que desarrollaba las teorías naturalistas de Stanislawsky para la interpretación particular de cada personaje, y que consistían en que los actores debían recordar y volver a experimentar sus propios sentimientos para incorporarlos a los del personaje y establecer así un vínculo especial entre la ficción y la realidad, entre el actor y el personaje.

Cuando Marilyn se matriculó, el director del Actor's Studio era Lee Strasberg, conocido popularmente como «el Rabino» por su carácter severo y autoritario. Además, entre él y Elia Kazan existía una rivalidad pública y manifiesta, ya que si Strasberg era el gran profesor que todo el mundo admiraba, Kazan había sido el gran triunfador de la escuela gracias a su dirección de actores y a unas películas que habían hecho ganar mucho dinero a los estudios mezclando calidad con productividad.

En el Actor's Studio los alumnos vivían mano a mano con los profesores, juntos investigaban y preparaban las interpretaciones, que luego ensayaban delante de los demás para examinarse ante sus críticas o halagos. Los estudiantes se sorprendieron de encontrar allí a Marilyn Monroe como uno más de ellos y la recuerdan bastante callada, tímida y no muy participativa, aunque siempre aceptaba de buen tono las críticas que se le hacían. El que vio un verdadero filón en Marilyn fue el propio Strasberg, que le perdonaba que llegara tarde a las clases porque había decidido convertirla en una estrella nacida a su sombra, que además podía hacer ganar a su mujer dinero y fama cuando la acompañara a los rodajes. En una palabra, Natasha Lytess debía desaparecer para siempre de la carrera de Marilyn porque su puesto lo iba a ocupar Paula Strasberg.

No era la primera vez que el director del Actor's Studio actuaba de esta manera tan poco ética. Sus alumnos ya habían expresado en más de una ocasión sus quejas sobre el trato de favor que tenía hacia los actores ya consagrados, lo que también había sido motivo de desconfianza por parte de los fundadores de la escuela. Pero Strasberg tuvo que andar con pies de plomo para llevar adelante sus planes, porque a las pocas semanas de comenzar las clases Marilyn fue víctima de uno de sus ataques de ansiedad y agitación, que solían manifestarse cuando se enfrentaba a las cámaras. Ahora debía hacerlo ante sus compañeros, un público mucho más crítico que los operadores y técnicos que la rodeaban a la hora de filmar una escena, y ella quería estar perfecta. De nuevo comenzó a tomar sedantes y barbitúricos, y Lee Strasberg, que ya había pasado una experiencia similar con James Dean, su alumno entonces más aventajado, decidió rodear a Marilyn de todo el cariño y comprensión que fuera necesario.

Al margen de sus clases, Marilyn entró de lleno en la cultura neoyorquina de la mano del novelista, guionista y poeta Norman Rosten. Los dos se habían conocido casualmente un día que la actriz y el fotógrafo Sam Shaw le pidieron refugiarse en su casa para protegerse de la lluvia torrencial que les había sorprendido mientras realizaban una sesión fotográfica en Central Park. A partir de ese encuentro accidental Marilyn se había hecho amiga íntima del matrimonio formado por Norman y Hedda Rosten, que además gozaban de gran simpatía en los ambientes intelectuales del país por su oposición constante y férrea en contra del *Comité de Actividades Antiamericanas*. La actriz se incorporó como una más a multitudinarias veladas familiares en las que se leían poemas y se hablaba de cine, teatro y literatura, y descubrió a los grandes poetas norteamericanos, como Walt Whitman o William Butler Yeats, además acompañaba a Norman a las exposiciones del Museo Metropolitano y pasaba con la familia Rosten los fines de semana en una casa que el matrimonio tenía en Long Island. La compañía que se hacían Norman Rosten y Marilyn Monroe se hizo tan asidua que hasta algunos periodistas creyeron ver entre Norman Rosten y Marilyn Monroe algo más que una buena amistad, aunque ellos se reían de estas informaciones.

Gracias a Rosten, Marilyn Monroe volvió a encontrarse con Arthur Miller, ya que también era amigo del matrimonio. La última vez que habían coincidido juntos había sido en Los Angeles y bajo los auspicios de Elia Kazan. Entonces Marilyn era una actriz prácticamente desconocida que estaba comenzando, y Arthur Miller ya era un admirado dramaturgo gracias a sus obras teatrales *Todos eran mis hijos* (*All my sons*) y *La muerte de un viajante* (*The death of a salesman*), con la que había ganado el Premio Pulitzer en 1949. En estas obras, que se incluyeron dentro del *teatro de tesis*, el escritor criticaba de forma rigurosa, directa y despiadada a la conservadora sociedad estadounidense y fue acusado de simpatizar con la ideología comunista. Precisamente Miller y Kazan habían dejado de hablarse después de que el director delatara a quince miembros del Partido Comunista y compañeros de profesión ante el *Comité de Actividades Antiamericanas*. Miller no había sido el único que le había retirado la palabra a Kazan, prácticamente toda la clase intelectual de Estados Unidos le consideraba un traidor, un estigma que tuvo que soportar hasta el final de su vida, a pesar de haberse intentado redimir con películas como *¡Viva Zapata!*, donde ofreció su visión particular de la revolución mexicana, o *La ley del silencio* (*On the water front*), donde realizaba un alegato contra la delación y las actividades de la mafia de los sindicatos que gobernaba en los muelles portuarios.

Arthur Miller y Marilyn Monroe habían sentido cierta atracción el uno por el otro, pero mientras la actriz no habría tenido entonces ningún reparo en tener un *affaire* con el escritor, Miller, que tenía profundas convicciones familiares y adoraba a sus hijos, decidió no caer en la tentación de engañar a su esposa y por este motivo había preferido no saber nada de Marilyn durante estos cinco años. Ahora todo era diferente y en esta ocasión no pudieron sujetar sus pasiones, por lo que al poco tiempo de reencontrarse se convirtieron en amantes. Marilyn continuaba casada oficialmente con Joe DiMaggio, con el que aún mantenía esporádicos encuentros sexuales al margen de su eterna amistad, y Miller estaba atravesando por una profunda crisis matrimonial.

Mientras estuvo en Nueva York, Marilyn vivió unas experiencias muy diferentes a las que estaba acostumbrada en Los Angeles, y aunque solía acudir a los estrenos cinematográficos, las fiestas y los ambientes eran absolutamente distintos. Visitaba con frecuencia el célebre club nocturno Morocco, donde conoció el ambiente canalla de la intelectualidad gacias a personajes como Truman Capote o Andy Warhol. El primero diría de ella: *Marilyn no es una actriz en el sentido tradicional del término. La luminosidad que desprende su presencia y su aguda inteligencia son elementos tan sutiles que nunca podrían surgir en un escenario. Únicamente pueden ser captados por una cámara, y quien crea que se encuentra frente a otra Jean Harlow está completamente loco.* Por su parte el célebre artista estadounidense la inmortalizó en una serie de repeticiones de su retrato, utilizando el mismo cuadro pero con fondos de diferentes colores, y junto a las series también de Elvis Presley, Elizabeth Taylor, Mao

Tse Tung o Jaqueline Kennedy, constituye parte del grafismo publicitario más representativo del Pop Art en los años setenta.

Poco a poco la actriz fue perdiendo su anonimato y comenzó a asomarse en actos públicos. En marzo realizó funciones de acomodadora junto a Marlon Brando durante el estreno del film de Elia Kazan *Al este del Edén* (*East of Eden*), y con el dinero recaudado el Actor's Studio pudo comprar su nueva sede permanente, una antigua iglesia situada en la calle 44. Además los dos actores comenzaron un pequeño romance que apenas duró más de una semana. Posteriormente Marilyn realizó una entrada triunfal en el Madison Square Garden subida encima de un elefante rosa para inaugurar la temporada del popular Circo Ringling Brothers, y fue entrevistada en directo por Edward R. Murrow para el programa televisivo de la CBS *Person to person,* aunque Marilyn nunca tuvo un buen recuerdo de esta intervención, ya que después de varios meses sin vida pública se asomó a la pequeña pantalla nerviosa, tímida y contestando con monosílabos.

Marilyn acudía a estos actos, la mayoría de ellos benéficos, porque le gustaba ser aclamada y por mandato expreso de Milton Greene, que comenzaba a negociar de nuevo con la Twentieth Century Fox el contrato para que la actriz pudiera trabajar a través de su propia productora. Por eso Marilyn aparecía constantemente en las portadas de las revistas gracias sobre todo a Eve Arnold, miembro de la agencia Magnum, que publicó varios reportajes de la actriz. Aunque en la gran manzana Marilyn podía pasar más desapercibida que en Hollywood, el público no tardaba en reconocerla y en pedirle autógrafos, aunque fuera en momentos tan tristes y delicados como el entierro de la actriz Constance Collier, una de las primeras profesoras de arte dramático que tuvo a Marilyn como alumna. Y en una ocasión que se estaba bañando en la playa de Long Island, acompañada de Norman Rosten y Eve Arnold, atrajo a tal cantidad de seguidores y fotógrafos que cuando se metió al agua tuvieron que llamar a la policía para que no se ahogara huyendo de la gente.

El estar tanto tiempo alejada de las cámaras provocó en Marilyn una doble sensación: en primer lugar, la tranquilidad de moverse en un mundo que no conocía y que la animó a utilizar la poesía como catarsis, ya que ella misma escribía sus propios poemas narrando sus sentimientos; y en segundo lugar, creer que la Marilyn Monroe que el público adoraba se había escondido en su interior y podía rescatarla cuando ella quisiera. En este sentido, una vez Paula Strasberg fue testigo de su interpretación más natural al comprobar cómo, en cuestión de segundos, la tímida y amigable Marilyn se transformaba en la estrella que todo el mundo quería fotografiar.

Marilyn Monroe y Jane Russell, durante la película Los caballeros las prefieren rubias.

El 1 de junio, fecha de su cumpleaños, Marilyn acudió al estreno neoyorquino de *La tentación viva arriba* cogida del brazo de Joe DiMaggio. Al salir del cine, durante la fiesta ofrecida en su honor por la productora, los periodistas presentes le hicieron varias preguntas sobre una posible reconciliación matrimonial con Joe DiMaggio y la actriz contestó que sus sentimientos ya eran únicamente de amistad. Mientras ella decía esas palabras, el rostro del antiguo jugador de béisbol se fue entristeciendo cada vez más, y, según algunos testigos, los dos estuvieron charlando y bailando amigablemente como una pareja de enamorados, hasta que Joe le dijo en voz baja que si quería volver a casarse con él; entonces, Marilyn se levantó de un salto y pidió a su amigo Sam Shaw que la acompañara a casa.

Este incidente recordó a Marilyn que ella era una actriz y que ya había llegado el momento de incorporarse al trabajo, además echaba de menos a Arthur Miller, que estaba a punto de separarse de su esposa, a pesar de que ella misma le había animado a que no lo hiciera. La relación entre los dos se iba estrechando cada vez más. Arthur había descubierto en Marilyn a una persona con una tristeza interior tan enorme que podía identificarse con alguno de los protagonistas de sus obras; y por su parte, Marilyn se mostraba orgullosa al aparecer cogida del brazo de una persona tan inteligente a la que todo el mundo respetaba. Aunque para huir de los fotógrafos los dos habían llevado su relación prácticamente en secreto, pasando muchas tardes encerrados en la *suite* de la actriz, en septiembre decidieron hacer públicos sus sentimientos y Miller presentó a Marilyn a sus padres durante el estreno teatral de *Panorama desde el puente* (*A view from de bridge*). Hasta entonces sólo había un tema en el que no se habían puesto de acuerdo y era la opinión que cada uno de ellos tenía de Lee Strasberg. Mientras Arthur creía que el profesor de interpretación desconocía el mundo del teatro y era un farsante que intentaba romper con todas las reglas de los escenarios, Marilyn consideraba a los Strasberg como parte de una familia que no había tenido, le daban seguridad, clases particulares y comprensión cuando veían que estaba triste, y además Paula había ocupado el lugar dejado por Natasha Lytess.

Tres meses más tarde Marilyn tuvo que demostrar todo lo que había aprendido en el Actor's Studio y para examinarse ante el duro jurado de sus compañeros eligió la escena inicial de *Anna Christie*, escrita por Eugene O'Neill. Pero antes de salir al escenario volvieron de nuevo los nervios, parecía que una corriente incontrolable salía de su estómago y recorría todo su cuerpo hasta poseerlo completamente. Los días anteriores no podía memorizar el texto que debía interpretar y aunque podía tener el libreto delante prefirió no hacerlo porque le parecía humillante. Por fin salió al escenario y comenzó su actuación prácticamente con un susurro, aunque su tono de voz fue subiendo poco a poco, los nervios deparecieron y ella encontró un dominio tan grande de sí misma que todos los presentes quedaron conmovidos. Poteriormente Susan Strasberg, la hija de Paula y de Lee, llegó a comentar sobre esta representación: *Todos los que la vieron en el Actor's Studio opinarían que tenía una tendencia natural a empequeñecerse, a sentirse como la niña que era en el fondo, y todos ellos se quedaron sorprendidos viendo cómo sobre el escenario se engrandecía y brillaba.*

Marilyn ya estaba preparada para enfrentarse de nuevo ante las cámaras y en diciembre de 1955 Milton Greene le dio la gran noticia: la Fox había aceptado negociar directamente con Marilyn Monroe Productions, Inc. un nuevo contrato, siempre y cuando rodara para los estudios cuatro películas en los próximos siete años. La actriz tendría plena libertad para trabajar en radio y televisión, pero antes de firmar debería presentarle todos los proyectos para que diera su conformidad. Marilyn había triunfado. Se había enfrentado a un gigante y le había ganado. Atrás quedaron los meses de sufrimiento y los desaires y mofas de los que había sido objeto tanto por parte de algunos periódicos como de la propia Twentieth Century Fox, que hasta había autorizado una representación teatral que parodiaba la interpretación que Marilyn había realizado en *La tentación vive arriba*, con continuas alusiones hacia su persona y a la lucha que había entablado contra la principal industria de Hollywood.

XX. PAULA POR NATASHA

Después de la guerra, el erotismo cinematográfico se desplazó del muslo al pecho. Marilyn Monroe lo ha hecho bajar entre uno y otro (André Bazin, escritor y crítico cofundador de *Cahiers du Cinema*).

Cuando Marilyn pasó una temporada en casa de Milton Greene, después de su divorcio con Joe DiMaggio, estuvieron barajando la posibilidad de comprar los derechos de una obra teatral escrita por Terence Rattigan, titulada *Sleeping prince*, para llevarla a la pantalla. Curiosamente el director y actor británico sir Laurence Olivier estaba detrás del mismo proyecto y cuando esta coincidencia llegó a sus oídos, decidió viajar hasta Nueva York, en compañía del propio autor del libreto, para entrevistarse con Marilyn.

A principios de febrero de 1956, se celebró una reunión en la que se alcanzó el acuerdo de que Olivier dirigiera y protagonizara la película y Marilyn interpretara el personaje de la corista norteamericana Elsie Marina. Pero lo más importante de este compromiso se encontraba en que la película sería producida por Warner Bros y Marilyn Monroe Productions, Inc. El día 9 de ese mismo mes se acordó ofrecer una rueda de prensa para dar la noticia a los medios de comunicación y cuando estaba todo previsto, el encuentro con los periodistas se tuvo que suspender hasta horas más tarde por una indisposición de la actriz. Aun así, Marilyn volvió a llegar tarde y se encontró a Laurence Olivier y a Terence Rattigan esperándola nerviosos antes de bajar los tres juntos a enfrentarse a las preguntas de la prensa. Marilyn sonrió a Olivier y mientras él la besaba galantemente, le dijo: *Perdona el retraso, pero es que no sabía qué vestido ponerme*. El actor británico le respondió sonriente: *Querida Marilyn, tú puedes hacerme esperar todo lo que quieras, pero, por favor, no lo repitas cuando citemos a los periodistas ingleses*.

Daba la sensación de que Marilyn estaba intentando flirtear directamente con sir Laurence para atraerle a su terreno, puesto que todo el mundo de la industria cinematográfica conocía la fama de conquistador del británico y también los graves problemas que estaba pasando en esos momentos su matrimonio con la desequilibrada actriz Vivien Leigh, que ya llevaba varios años manteniendo un tórrido romance con el también actor Peter Finch. A los pocos minutos de comenzar la rueda de prensa, Laurence Olivier descubrió el porqué del retraso de Marilyn y es que la actriz había preparado su vestido para que cuando ella hiciera un gesto se le desprendiera uno de los tirantes dejando al descubierto su hombro y abriendo aún más su escote. Los dos británicos se quedaron tan sorprendidos como los propios periodistas, pero también comprendieron angustiados la relación tan dispar que tendrían que soportar a partir de entonces. Por un lado, el gran amante del teatro, el hombre al que todo el mundo respetaba porque había conseguido llevar Shakespeare a la pantalla grande con gran acierto, y por el otro la sensual actriz que había triunfado con sus papeles de rubia tonta moviendo sus caderas de forma provocativa.

Cuando el 25 de febrero regresó por fin a Hollywood y descendió del avión en compañía del matrimonio Greene, los periodistas querían hacerle toda clase de preguntas para intentar descubrir los cambios que había experimentado la nueva Marilyn, y después de indagar sobre sus próximos planes de trabajo y de hacerle la sempiterna interpelación sobre si quería o estaba preparada para interpretar *Los hermanos Karamazov*, entraron de lleno en el terreno personal, ya que en algunos medios se había especulado erróneamente con que la actriz había comenzado un romance con el príncipe Rainiero de Mónaco, pero Marilyn zanjó todos estos rumores negando ese supuesto noviazgo y diciendo que el hombre que ella buscaba debía ser *varonil, maduro y sensible, y que si reunía esos tres requisitos no le importaba que fuera calvo.* Después de un año casi sabático por fin Marilyn Monroe había vuelto a su casa, un hecho que no le hacía excesiva gracia a Darryl Zanuck.

Antes de comenzar el rodaje de *Bus Stop* bajo la dirección de Joshua Logan, uno de los nombres que había solicitado la actriz, Marilyn decidió preparar a conciencia el personaje de Chérie, la cantante de un bar que se casa con un rudo vaquero, papel interpretado por Don Murray, y trata de escapar en varias ocasiones de los lazos de un matrimonio casi impuesto. Para Marilyn su retorno representaba todo un examen ante su público y ante unos directivos que querían ver lo que había aprendido en el Actor's Studio. Quería y debía plasmar en Chérie gran parte de su sensibilidad recordando pasajes de su vida personal tal y como le había enseñado Lee Strasberg. Ahora con la ayuda de Paula, revisaba cada escena, cada línea y cada palabra del guión que tenía entre manos, la entonación que debía dar a cada frase y hasta el maquillaje que debía poner a su rostro para que pareciera más pálido de lo habitual.

Se comenta que cuando al huraño y casi siempre malhumorado Joshua Logan le dijeron que debía dirigir a Marilyn Monroe, puso el grito en el cielo diciendo que era imposible porque *¡esa chica no sabe actuar!*, y antes de aceptar hacerse cargo de la película pidió informes al propio Lee Strasberg para averiguar si realmente le había servido de algo su año en Nueva York. Como parte implicada directamente en la carrera de la actriz, el director del Actor's Studio le contestó: *Después de varios años y de haber trabajado con cientos de actores, hay dos de ellos que destacan por encima de los demás. Uno es Marlon Brando y la otra Marilyn Monroe.* Claro que cuando Logan vio en el estudio la corpulenta silueta de Paula Strasberg, abanicándose junto a Marilyn y diciéndole cómo debía prepararse antes de empezar a rodar, comprendió que la opinión de Lee no había sido muy objetiva precisamente.

Cuando apareció en los estudios de la Fox, Paula Strasberg sorprendió a todo el mundo por su robusto físico, su atuendo siempre negro y su carácter variable, que se movía en cuestión de segundos entre la dulzura y la rigidez, y hasta el propio Logan después de discutir con ella durante varios minutos nada más iniciar el rodaje, porque Marilyn le pedía la opinión a su profesora y no al director sobre cómo había salido la toma, se dio cuenta de que Paula aportaba más beneficio que perjuicio, que tranquilizaba enormemente a la actriz y le daba cierta seguridad tenerla a su lado antes de plantarse ante las cámaras. Incluso cuando Marilyn volvió a llegar tarde, porque para calmar sus nervios tomaba grandes cantidades de sedantes para dormir, Paula llamaba por teléfono a su marido para que le dijese lo que debía hacer. El trabajo de Paula, que era como la línea directa y continua de la actriz con Lee Strasberg, fue tan intensivo que los estudios aceptaron pagarle de buen grado 1.500 dólares semanales para que mantuviera activa a Marilyn.

El comportamiento y el trato que tenía Paula Strasberg con los directores y productores era muy diferente al que había utilizado la prepotente Natasha Lytess, que se había quedado en la calle en cuanto Marilyn decidió instalarse en Nueva York. Natasha intentó ponerse en contacto con su discípula en numerosas ocasiones, pero la «nueva Marilyn» siempre había rehusado hablar con ella para evitar tener cualquier lazo de unión que le recordara su pasado. Cuando la actriz regresó a Hollywood, los intentos para verse con ella fueron tan intensos que hasta recibió una nota del abogado Irving Stein ordenándole que dejara en paz a su cliente si no quería hacer frente a una denuncia acusándola de acoso. Aun así, Natasha no se dio por vencida y se presentó en los estudios una mañana que Marilyn estaba rodando. Como es lógico no la dejaron pasar de la puerta y ella comenzó a gritar que tenía cáncer y que estaba sin trabajo y sin dinero. Marilyn al oír el alboroto se asomó a la ventana y la miró a través del cristal, a continuación posó sus ojos sobre Paula y volvió al trabajo. Acababa de cerrar una de las etapas más dominantes de su vida.

Joshua Logan, que con el tiempo se convertiría en un gran director de musicales, aceptó los consejos que le había dado Jean Negulesco diciéndole que si quería sacar lo mejor de Marilyn debía tratarla con dulzura, porque de lo contrario el rodaje podría convertirse un un auténtico infierno. Logan no tuvo excesivos problemas con Marilyn, aparte de sus dudas iniciales sobre sus cualidades interpretativas, ya que debía realizar la versión cinematográfica de la obra de William Inge y quería superar el éxito clamoroso que su representación había obtenido en Broadway; por eso él era partidario de contar para el papel de Chérie con la actriz Kim Stanley, que anteriormente lo había representado en los escenarios.

El rodaje de *Bus Stop* se realizó en las heladas tierras de Arizona y la predisposición de Logan con respecto a Marilyn se manifestó rápidamente, en cuanto todos comprobaron que el director realizaba continuas tomas alternativas imaginando las veces que la rubia actriz llegaría tarde o se ausentaría del plató por sus eternos problemas de salud. Marilyn, por su parte, no puso excesivos problemas para llevar a buen puerto la filmación, a pesar de que no le gustaba Don Murray para el papel protagonista, porque era más joven que ella y además no le consideraba lo suficientemente curtido como para darle la réplica. Murray le tenía muchísmo respeto a Marilyn y la actriz le decía continuamente que se enfadase con ella, que la insultara y que sacara el odio que llevaba dentro, como si el joven actor tuviera que llevar hasta las últimas consecuencias todas las enseñanzas que la actriz había aprendido en el Actor's Studio. Pero entre ellos también hubo varios momentos de complicidad, como cuando Murray debía besar apasionadamente a Marilyn y de sus labios brotó un poco de saliva. En un principio Logan quiso volver a realizar una nueva toma después de visionar la original y los dos actores argumentaron que entonces se eliminaría parte del realismo con el que se quería dotar a la película. El director les dio la razón. Y en otra ocasión Murray se quedó estupefacto cuando Marilyn debía salir del rodeo corriendo y en la secuencia perdía uno de sus zapatos. Antes de que Logan mandara anular la escena, la actriz se dio la vuelta, se puso el zapato en el pie y siguió con su carrera como si este gesto tan natural estuviera escrito en el guión. Este acto, que recibió la felicitación y el reconocimiento de todos sus compañeros, evidenciaba claramente la experiencia que había acumulado Marilyn y el interés que ponía en la primera película de su productora. Sin embargo tanto el equipo técnico como el artístico también fueron testigos del miedo que la actriz tenía a envejecer y a que una nueva estrella en ciernes pudiera arrebatarle el protagonismo cuando obligó a Hope Lange, que en el filme interpreta el papel de Elena, a teñirse el pelo con un color más oscuro porque el rubio platino que lucía se parecía demasiado al de ella.

A principios de abril, Marilyn fue ingresada en el hospital S. T. Vincent aquejada de una bronquitis aguda y de agotamiento físico. Los fríos que tuvo que soportar en las montañas de Idaho fueron los culpables de la primera dolencia, y los nervios sufridos durante el rodaje, ya que a menudo trabajaba con Paula hasta la madrugada repasando el guión una y otra vez hasta alcanzar la perfección, de la segunda. La actriz permaneció en el hospital quince días, y durante este tiempo recibía las llamadas telefónicas diarias de Arthur Miller. En una de ellas el escritor le dijo que su mujer por fin había firmado los trámites de separación para que pudieran casarse, por lo que no podía ir a visitarla, ya que en esos momentos estaba a 70 kilómetros de Reno, donde debía permanecer un mínimo de seis semanas para obtener legalmente el divorcio.

Pero Arthur Miller tenía otros problemas bastantes más graves que la tramitación de su divorcio, porque desde hacía tiempo era una víctima propiciatoria de la Caza de Brujas iniciada por el senador McCarthy.

XXI. SEÑORA DE MILLER

Espero que haya aprendido a cocinar. Cuando estaba conmigo sólo sabía hacer guisantes, y los guisantes son buenos pero a la larga terminan cansando (Joe DiMaggio, cuando le preguntaron su opinión sobre la boda de Marilyn Monroe con Arthur Miller).

Desde que comenzó a publicar sus libros, con un gran éxito, Arthur Miller había desarrollado en todos ellos una serie de denuncias y de críticas sobre los negocios del armamento o sobre las mentiras que encerraba el sueño americano que tan bien vendían los políticos, y ya desde sus inicios estuvo en el punto de mira de los senadores estadounidenses que seguían las indicaciones del ultraconservador Joseph McCarthy y que mantenían que el cine era un avispero comunista. Pero al contrario de lo que sucedía en Hollywood, en Broadway quien mandaba era el público, y los productores teatrales en su mayoría procedían de los escenarios y amaban las bambalinas más que a su propia vida, por lo que el dramaturgo había podido seguir escribiendo sin mayores problemas que el de ser acusado de izquierdista, un apelativo que en los ambientes intelectuales en los que se movía era más un elogio que una crítica. Miller, además, había padecido en su propia carne la opinión que de él tenía la industria cinematográfica cuando intentó llevar a la pantalla grande en compañía de Elia Kazan su relato *The hook* y, aunque con buenas palabras, fue rechazado, lo que le hizo confirmar su convicción de que Hollywood estaba más cerca de la industria y del negocio que del séptimo arte.

Después de que Elia Kazan denunciara a sus compañeros, Miller había publicado *Las brujas de Salem* (*The crucible*), cuyo tema central era la delación en el Massachussetts del siglo XVII. A través de esta pieza teatral, el escritor desarrolló un camino paralelo entre los acontecimientos que motivaron la Caza de brujas en la localidad de Salem en 1692 y el *mccarthysmo* que le había tocado vivir en los años 50. En el fondo de la obra subyace cómo pierde todos sus valores una comunidad entera cuando se deja arrastrar por la maldad, la superstición y la paranoia y termina aterrorizando a todos sus miembros con acusaciones falsas.

97

Cuando aún permanecía en Reno, Arthur Miller recibió una citación desde Washington anunciándole que debía comparecer ante el *Comité de Actividades Antiamericanas* para que respondiera de su supuesta afiliación al Partido Comunista. Pero si salía de Nevada perdería el tiempo exigido por la ley para coseguir su divorcio, y su abogado pidió un aplazamiento que se le concedió hasta el día 21 de junio. Miller sabía que se jugaba mucho en esta comparecencia porque varios amigos suyos habían tenido que salir del país para no ver cómo se arruinaba su carrera al negarse a denunciar a otros colegas, supuestos simpatizantes de las tesis comunistas.

El día 11 de junio un ya divorciado Arthur Miller se reunió con Marilyn en Nueva York cuando la actriz se encontraba convaleciente de una anemia crónica que la había obligado a retrasar el anunciado viaje a Inglaterra. Arthur continuaba preparando su comparecencia y había rechazado acogerse a la Quinta Enmienda de la Constitución —que desde 1791 garantiza la libertad religiosa, de palabra y de prensa—, o denunciar a los que el comité ya había sancionado, por lo que decidió hablar únicamente de sí mismo y no convertirse en un delator. Mientras tanto, el presidente de le Twentieth Century Fox, Spyros Skouras, que sabía de buena fuente que el escritor y Marilyn pensaban convertirse en marido y mujer, viajó también hasta Nueva York para entrevistarse con Arthur Miller y aconsejarle que por su bien y por el de su futura esposa cooperase con el *Comité de Actividades Antiamericanas*, porque de lo contrario los espectadores podrían boicotear las películas de Marilyn Monroe.

El 21 de junio, Arthur Miller, con semblante serio y aire calmado, se sentó frente a los senadores en Washington y fue contestando de forma respetuosa a todas las preguntas que le hacían. Admitió haber cooperado con organizaciones comunistas cuando era joven, pero que esos hechos ahora los consideraba un error y se arrepentía de ciertos pasajes de su pasado. Cuando el presidente del comité le pidió que diera los nombres de algunos intelectuales que militaban en el Partido Comunista, el escritor leyó una especie de manifiesto que comenzaba de la siguiente forma: *Les diré cualquier cosa que quieran saber sobre mí, pero mi conciencia no me permite utilizar el nombre de ninguna otra persona. Sólo puedo asegurar que sería un desastre para este país que los comunistas ocuparan el poder. No soy comunista y jamás lo he sido. Es más, no tengo intención de afiliarme al comunismo en los años venideros… Considero perfectamente justificados los cargos contra mí, porque al finalizar la guerra mantuve relaciones amistosas con muchas personas consideradas comunistas, aunque siempre lo hice de buena fe y ateniéndome a la política de amistad con Rusia…*

Cuando le preguntaron el motivo por el que había solicitado recientemente un pasaporte y si tenía pensado abandonar el país, Arthur Miller sorprendió a todos los presentes diciendo: *He solicitado el pasaporte para viajar a Inglaterra, ya que allí tengo dos asuntos que resolver. Pimero me gustaría ver la puesta en escena de mi última obra,* Panorama desde el puente, *que se va estrenar el mes que viene en aquel país, y segundo porque me gustaría celebrar allí mi luna de miel con la mujer con la que espero casarme próximamente, ya que tiene que viajar a Europa para participar en el rodaje de una película.* A continuación un senador siguió el hilo de esta respuesta y, ahogando el murmullo que se había extendido por toda la sala, interrogó más profundamente al escritor sobre este asunto al apuntar: *Entonces, ¿tiene usted previsto casarse en las próximas fechas?,* y Miller respondió: *Sí, con la actriz Marilyn Monroe.* En ese momento los periodistas supieron que sus periódicos ya tenían la portada del día siguiente y cuando Arthur Miller abandonó su comparecencia les amplió esta información comentando que la ceremonía se celebraría el 29 de julio, que ese mismo día tomarían un avión con destino a Londres y que esperaba que Marilyn Monroe viajase ya como «señora de Miller».

A partir de ese día la puerta de la casa de Marilyn Monroe se llenó de periodistas que hacían guardia durante todo el día intentado sacar una foto o una declaración de los novios. Pero la prensa no fue excesivamente benevolente con el futuro matrimonio, ya que Marilyn tenía numerosos detractores que seguían las indicaciones de los estudios, y mientras algunos medios acusaban a Arthur Miller de aprovecharse de la fama y del cariño que todos los norteamericanos sentían por la actriz para salir airoso e indemne de su comparecencia ante el *Comité de Actividades Antiamericanas* y le hacían responsable de haber dinamitado un matrimonio tan perfecto como el que formaban Marilyn y Joe DiMaggio, otros intentaron relacionar también a Marilyn con el Partido Comunista por las peligrosas amistades que había hecho en Nueva York, y rescataron varias fotos de la actriz cuando en el año 1954 apoyó públicamente la candidatura del Partido Demócrata luciendo en su pecho una pegatina con la leyenda *Stevenson likes me (Stevenson me quiere),* en lugar del convencional *I love Stevenson (Quiero a Stevenson).* Miller había bautizado a este tipo de periodistas como *los yahoos.*

No se sabe si por la influencia que este tipo de prensa tenía en algunos senadores o porque el *Comité de Actividades Antiamericanas* estaba dando los últimos coletazos y necesitaba encontrar una cabeza de turco para ganar una credibilidad que estaban perdiendo a pasos agigantados, el caso es que Arthur Miller recibió una nueva citación para volver a declarar el día 7 de julio porque *los escrúpulos morales no constituyen ninguna base legal para negarse a responder a una investigación del Congreso.*

Marilyn y Arthur dijeron a sus abogados que presentasen un nuevo aplazamiento y se trasladaron a una casa que el dramaturgo tenía en Roxbury, una pequeña localidad de Conneticut, buscando la tranquilidad necesaria para preparar la boda. Pero al día siguiente la puerta de esa casa también apareció ocupada por una legión de periodistas, que no abandonaron su puesto hasta el día 29 de junio, fecha en la que estaba prevista la ceremonia.

La pareja había citado a la prensa a las 4 de la tarde del día 29 de junio en su casa de Roxbury, pero los periodistas los vieron descender de un coche con el semblante serio tres horas antes. Marilyn y Arthur entraron a la casa por la puerta trasera mientras que un familar de los novios se acercaba a todos los presentes para comunicarles que había ocurrido un terrible accidente de tráfico en el que se habían visto implicados dos reporteros. Todo sucedió cuando al intentar acercarse al coche en el que viajaban los novios, su vehículo derrapó en una curva y se empotró contra un árbol. Cuando Arthur y su familiar fueron a socorrerlos encontraron a una periodista que había salido despedida varios metros del coche y a un fotógrafo que tenía heridas leves. Posteriormente les dijeron que la reportera había fallecido en el hospital a causa de la gravedad de sus heridas y que se trataba de la princesa Mara Sherbatoff, que debía cubrir el enlace para la revista *Paris Match*.

Este luctuoso acontecimiento ahogó parte de la alegría de los novios, que se mostraron abatidos en la sesión fotográfica antes de partir hacia el juzgado de White Plains, donde el juez Seymour Rabinowitz los declaró marido y mujer a las 7 de la tarde en un acto que no llegó a los cinco minutos de duración. El triste incidente que había empañado el día también alteró los planes de Arthur, que no pudo ir a recoger a la joyería el anillo de Cartier que había reservado para Marilyn. En cambio, este regalo que sellaría su unión con la actriz se lo entregaría el domingo 1 de julio en la ceremonia religiosa celebrada en la granja de Kay Brown, siguiendo el rito judío, que ofició el rabino Robert Goldberd y en la que Lee Strasberg actuó como padrino. La prensa mundial se hizo eco del acontecimiento, aunque sólo la revista *Life* consiguió la exclusiva de la boda.

Pero los recién casados no tuvieron mucho tiempo para disfrutar de su nuevo estado, ya que a la mañana siguiente Lee Strasberg les hizo una visita solicitando para su mujer un sueldo de 2.500 dólares semanales, más dinero incluso del que ya tenían estipulado Laurence Olivier y Marilyn Monroe por sus papeles protagonistas. Como la actriz necesitaba a Paula para darle confianza y serenidad, llamó a Milton Greene y le pidió que redactase un nuevo contrato por el que la profesora cobraría finalmente un sueldo a la semana menor del exigido a cambio de embolsarse posteriormente un pequeño porcentaje de los beneficios de la película. Pero el director del Actor's Studio también predispuso a Marilyn contra sir Laurence Olivier, que había sido bastante crítico con el método Stanislawsky cuando dirigió la obra teatral *Un tranvía llamado deseo* en los escenarios londinenses, diciéndole que no estaba preparado para dirigir la película porque tenía una concepción del cine demasiado clásica. Con este ambiente enrarecido en su equipaje y con Hedda Rosten como nueva secretaria particular inició Marilyn su ansiado viaje a Inglaterra.

XXII. LUNA DE MIEL EN ASCOT

Si el 100 % de los agentes artísticos de Hollywood me dijera que no sirvo para el cine, el 100 % estaría equivocado (Marilyn Monroe).

El 14 de julio el matrimonio Miller aterrizó en Londres. La policía escoltó a la pareja desde la escalerilla del avión hasta la aduana, donde los esperaba el matrimonio Olivier, y pocos minutos más tarde comenzaba una multitudinaria rueda de prensa, que más tarde sería comparada con la llegada de Rodolfo Valentino a Gran Bretaña, en la que numerosos periodistas que habían viajado desde todos los rincones del continente estaban ansiosos por escuchar las primeras palabras de Marilyn en Europa. Sus respuestas fueron rápidas y concisas, aunque nada importantes, y sólo se molestó un poco cuando le volvieron a hablar de *Los hermanos Karamazov* y su posible adaptación cinematográfica, porque la actriz manifestó: *Ya sé que algunos se ríen cuando digo que me gustaría interpretar a Dostoievsky, sobre todo los que no lo han leído nunca.*

Para estar tranquilos y disfrutar de su luna de miel, Arthur y Marilyn habían alquilado una casa de campo en Ascot, donde se pensaban refugiar al menos durante la semana libre que les quedaba antes de que la actriz se incorporara al rodaje de *El príncipe y la corista* (*The prince and the show-girl*). En realidad este título sólo tomó forma pocos días antes de estrenarse la película, porque hasta entonces siempre se hablaba de ella como *The sleeping prince*, nombre homónimo de la obra de teatro escrita por el dramaturgo Terence Rattigan. Pero las obligaciones no tardaron en llamar a las puertas de Marilyn y la actriz tuvo que enfrentarse a una nueva rueda de prensa en el hotel Savoy. Para variar, llegó más de media hora tarde y cuando lo hizo Laurence Olivier ya estaba respondiendo en solitario a los periodistas con un notable disgusto. No comprendía cómo Marilyn podía llegar tan tarde después de haberla avisado de la sustancial diferencia que existía entre la prensa británica y la norteamericana, aunque también entendió los consejos que le habían dado Joshua Logan y Billy Wilder sobre los retrasos de la actriz, y decidió tomar esa demora como un entrenamiento de lo que quedaba por llegar. Además, en cuanto Marilyn sonrió a los periodistas y comenzó a decir que quería visitar toda Inglaterra, pasear en bicicleta y prepararse para interpretar una obra de teatro en los escenarios británicos junto a sir Laurence Olivier, al actor se le pasó el mal humor. Probablemente lo más interesante que dijo Marilyn en esta rueda de prensa fue su respuesta a la pregunta sobre lo que esperaba de la película que iba a realizar, cuando contestó: *Me he embarcado en este proyecto porque ya estaba cansada de papeles superficiales y quería utilizar mis cinco sentidos en ser una auténtica actriz. Creo que en esta película un intérprete puede dar todo lo que lleva dentro. Algunas personas consideran que mi trabajo en* La tentacion vive arriba *valía el precio que habían pagado por sus butacas, pero en el futuro quiero dar al público todavía más. En una ocasión un taxista me preguntó las razones que me habían llevado a protagonizar una película tan mediocre como* Río sin retorno… *y tenía razón. Ahora no aceptaría aquel papel. Merezco algo mejor que una película de vaqueros de tercera categoría, que basa todo su éxito en el empleo de un nuevo método de proyección. Precisamente una de las razones por las que me fui de Hollywood y me instalé en Nueva York fue porque estaba segura de que sólo así podría encontrarme a mí misma.*

Sin embargo, esa semana, que se suponía que iba a ser de descanso, fueron unos días realmente decepcionantes para Marilyn. Primero porque cuando Laurence Olivier se acercó hasta su casa para enseñarle los vestidos que debía lucir en la película y que había diseñado Edith Head, Marilyn se quedó tan sorprendida que decidió maquillarse con el mismo color blanco y pálido que había utilizado en *Bus stop*. Pero cuando se acercó a los estudios que la Twentieth Century Fox tenía en Londres y le mostraron una copia definitiva de la película, que les acababa de llegar de Estados Unidos, la actriz se quedó tan pálida que parecía que se había puesto ya el maquillaje que había ido a buscar, porque en el montaje final habían cortado el extenso monólogo que servía para que el personaje que ella representaba explicara su pasado. La actriz montó en cólera y comenzó a decir auténticas barbaridades en contra de Joshua Logan, sin saber que el director había intentado mantener íntegra esa escena y que se había enfrentado a los productores para que no la eliminaran. Para Marilyn, en el trozo mutilado estaba representado todo lo que había aprendido en el Actor's Studio y era la prueba evidente de que se había convertido en una gran actriz; además, lo consideraba imprescindible para la narración completa del filme. Pero en esta ocasión no tenía razón Marilyn, porque sin esta escena *Bus stop* está considerada hoy en día como una película de culto, y además las críticas que recibió fueron unánimes. *The Times* publicó: *La señorita Monroe es una actriz cómica de talento y su sentido del ritmo nunca la abandona. Ofrece un retrato completo, concebido de forma sensible y en ocasiones brillante. Hay algo de niña abandonada, un cierto patetismo subyacente, que puede resultar extrañamente conmovedor;* la revista *Life* escribió: *Apenas aparece Marilyn en la pantalla, se observa que ese febril esfuerzo intelectual no le ha afectado (un año de ausencia). Marilyn baila en atrevidos modelitos, se viste y desviste ceñidos trajes con desenvoltura, ondula sensualmente por la escena, y compensa con una voz infantil su figura, por cierto, poco infantil;* el *New York Herald Tribune* recogió: *Marilyn Monroe en* Bus stop *tiene un papel magnífico, y lo interpreta con una mezcla de humor y sufrimiento muy emotivo. Éste es también el atractivo especial de la película, que en algunos momentos es absolutamente divertida y al cabo de un minuto es tierna y frágil;* y el *Saturday Review* apuntó: *Lo que hace Marilyn en la película es la proeza más difícil que puede realizar cualquier personalidad del cine. Se sumerge tan profundamente en el personaje de Inge que el espectador se pasa todo el tiempo buscando en vano un solo destello que recuerde a aquella chica del calendario.*

La segunda decepción que sufrió Marilyn aquella semana ocurrió ya en los estudios de Londres, cuando acudió a hacerse las pruebas de imagen acompañada de Milton Green y en presencia del director de fotografía Jack Cardiff. Allí, en el que durante varios meses iba a ser su plató, Laurence Olivier le presentó a sus compañeros de reparto y como comprobó que Marilyn aún estaba nerviosa y disgustada por el montaje final que había visionado de *Bus stop*, intentó quitar hierro al asunto diciendo con su habitual tono engolado y de superioridad: *Querida, no te preocupes de nada. Lo único que tienes que hacer es mostrarte sexy.* El director no podía haber dicho una frase más desacertada, ya que el motivo principal que había llevado a la actriz hasta Londres había sido precisamente eliminar su imagen de rubia tonta y atractiva que en Hollywood ya se había convertido en un estereotipo. Marilyn se puso roja de indignación y salió apresuradamente de los estudios. A partir de ese momento, influenciada también por los comentarios que había hecho Lee Strasberg sobre Laurence Olivier, consideró al realizador británico su verdadero enemigo.

Y el tercer disgusto de la semana fue el que caló más hondo en el interior de Marilyn, porque la actriz descubrió que en un cuaderno de su esposo, en el que anotaba las ideas que le surgían durante el día y que luego plasmaba en sus obras, Arthur Miller había escrito que tenía miedo a que su decepcionante matrimonio pudiera afectar gravemente a su parcela creativa, y todo por los constantes ataques de nervios que sufría su esposa, a la que consideraba una niña consentida en un cuerpo de mujer. Y no le faltaba razón a Miller, que estaba acostumbrado a trabajar rodeado de tranquilidad y sin que nadie le molestase, y ahora estaba asustado de la capacidad que tenía su esposa para caer en continuos ataques nerviosos que combatía a base de alcohol y barbitúricos que le suministraba Milton Greene. Marilyn volvió a caer en una pequeña depresión y de nuevo volvieron los fantasmas de su pasado disfrazados de inseguridad, soledad y falta de cariño. En este estado de ánimo comenzó la actriz el rodaje de *El príncipe y la corista* el día 7 de agosto.

La película está ambientada en el Londres de 1911, durante la coronación del rey Jorge V. A la ceremonia acuden representantes de todas las casas reales europeas, entre ellos el gran duque Carlos (Laurence Olivier), gobernante del imaginario país de Carpatia, que una noche conoce a Elsie Marina (Marilyn Monroe), una corista norteamericana que trabaja en el local Coconut Girl, y la invita a cenar en la embajada de su país. Pero el rodaje para sir Laurence Olivier no fue precisamente un cuento de princesas, a pesar de que Marilyn coincidió en el mes de octubre con el príncipe Felipe y la princesa Margarita en el Empire Theatre durante la proyección con carácter benéfico de la película de Michael Powell y Emeric Pressburger *La batalla del río de la Plata* (*The battle of de river Plate*), con la presencia también de otras personalidades del séptimo arte, como Joan Crawford, Victor Mature o Brigitte Bardot, y dijo que le había impresionado toda la parafernalia que envolvía a la familia real y a la aristocracia inglesa.

La actriz no sólo llegaba tarde todos los días, sino que cuando debía empezar a rodar discutía durante varios minutos con Paula Strasberg sobre cómo debía interpretar esa escena, y más tarde, sin mirar al director, decidían si debían o no repetir la toma. Esta situación era especialmente desagradable para el orgulloso yególatra sir Laurence, considerado en su país uno de los maestros del teatro, que además había manifestado públicamente que consideraba las enseñanazas impartidas por Lee Strasberg una auténtica falacia, y ya en sus círculos más íntimos había comentado que Paula no sabía más de interpretación que un ama de casa británica y que su único mérito residía en haber sido perseguida por el *Comité de Actividades Antiamericanas*, lo que le había dado una publicidad injustificada que ella y su marido estaban aprovechando en esos momentos para sacar todo el dinero que podían a Marilyn Monroe.

Mientras tanto el mundo que rodeaba a Marilyn se iba desmoronando poco a poco. Lee Strasberg llamaba todos los días por teléfono para críticar el trabajo del director; Hedda Rosten se había convertido en una alcohólica compulsiva cuyo única función era mediar entre la actriz y Arthur Miller cuando los dos discutían; lord Chamberlain había prohibido que se representara la obra del dramaturgo *Panorama desde el puente* en los teatros británicos, porque dos de sus personajes masculinos se besaban en la boca; Marilyn no podía dormir y había contagiado su insomnio y mal humor a su marido; la actriz también comenzaba a odiar a su mejor valedor, Milton

Greene, porque no la defendía delante de Laurence Olivier y éste intentaba calmar los histéricos nervios de su socia inundándola de alcohol y barbitúricos, y en la primera semana de septiembre la prensa británica informó de que Marilyn había tenido un aborto, un hecho que sería desmentido posteriormente por varias personas, entre ellas el propio Arthur, que dijeron que la actriz no estaba embarazada y que sólo había sufrido una afección estomacal.

Por fin Arthur Miller, acompañado de su esposa, pudo ver una representación de *Panorama desde el puente* en un escenario londinense gracias al New Watergate Theatre Club, una institución privada que había nacido para burlar la censura británica. Sólo sus miembros podían asistir a la función después de pagar cinco chelines, y la presencia de Marilyn Monroe el día del estreno sirvió para dar publicidad a la obra de su marido y para hacer especial hincapié en la labor que realizaba este club en defensa de la libertad de expresión. Aprovechando que los ánimos estaban un poco más calmados, Arthur decidió viajar a Nueva York para ver a sus hijos, hablar con sus abogados y descansar del huracán que había padecido durante las últimas semanas, pero Marilyn pensó que la iba a abandonar y le llamaba continuamente por teléfono pidiéndole perdón. Una semana más tarde el dramaturgo volvió a Londres a sumirse en un nuevo caos vital, porque su mujer había empezado a tomar anfetaminas para estar más despierta durante el rodaje.

Cuando Lee Strasberg también se presentó en Londres intentando mediar en las tensiones que habían surgido entre Marilyn y sir Laurence Olivier, muchas de ellas incitadas por él mismo, el director no le dejó entrar en el plató. Olivier tenía el rostro desencajado desde hacía varios días porque una actriz alcohólica y drogada le trataba como si fuera un guiñapo delante de todo el mundo, y decidió cambiar de estrategia volviéndose mucho más duro e inflexibe, ya que Marilyn, siguiendo las indicaciones de Paula, ni siquiera le dejaba entrar en su camerino para charlar amigablemente con ella y discutir sobre el rodaje. Strasberg, por su parte, nunca imaginó que iba a encontrar a su alumna en un estado tan lamentable y casi agradeció que Laurence Olivier no le dejara incorporarse al rodaje porque ya nadie podía hacer nada para salvar esa situación. Lee y Paula regresaron a Estados Unidos y se llevaron con ellos a Hedda Rosten para que se sometiera a una cura de desintoxicación; y entonces, como por arte de magia, las tensiones se fueron diluyendo y Olivier pudo por fin filmar algunas de las escenas tal y como él quería. Pero de nuevo una llamada de Paula Strasberg a Marilyn informándole de que le habían denegado el visado para volver a Inglaterra devolvió el rodaje al caos. La actriz acusó a las amistades del director de haber provocado este desaire y de nuevo los decorados del filme fueron testigos

mudos de cómo una comedia se podía transformar en una infernal trage-
dia

El 21 de noviembre Vivien Leigh, que acababa de tener un aborto, y
Laurence Olivier acompañaron al matrimonio Miller al aeropuerto. Los
cuatro estaban muy sonrientes al despedirse, porque así lo habían acor-
dado anteriormente, y cuando Marilyn y Arthur llegaron a Nueva York
la actriz contestó amablemente a las preguntas que le hicieron los periodistas y que hacían referencia a las deterioradas relaciones que había mantenido con el director. Pero Marilyn, lejos de volcar todas las culpas en
Olivier, dijo a modo de disculpa: *Sí, he sufrido durante el rodaje* de El
príncipe y la corista, *pero no ha sido por culpa se sir Olivier, a quien
admiro por sus grandes cualidades artísticas. Estaba preocupada por
demasiadas cosas para poder atender a las obligaciones del trabajo con
la severidad que él hubiera deseado. Además, no me acostumbré a la
rígida atmósfera de los estudios ingleses y estas diferencias hicieron muy
difícil mi cometido.*

Cuando tres meses más tarde sir Laurence Olivier viajó a los Estados
Unidos para mostrar el montaje final de la película a Jack Warner, se con-
firmaron todas las sospechas que le habían asaltado durante el rodaje. La
película era bastante lenta, se hacía pesada y los momentos realmente
cómicos no llegaban a media docena. El filme sólo se salvaba por algunos instantes estelares de Marilyn Monroe, y de mutuo acuerdo Warner
y Olivier decidieron cambiar el título del largometraje y *The sleeping
prince* pasó a llamarse *El príncipe y la corista* (*The prince and the show-
girl*), para dar mayor realce a la actriz. Además la imagen de Marilyn se
añadio en el cartel promocional, donde sólo aparecía Laurence Olivier,
y se incorporó la frase: *Un filme clave para comprender el mito Marilyn;*
también se rechazó la propuesta del director de adjuntar la leyenda: *La
combinación más excitante desde que el cine se veía en blanco y negro*,
que era un titular de prensa cuando Marilyn y él anunciaron que iban a
trabajar juntos y que ahora quería retomar en referencia irónica a los problemas surgidos durante el rodaje. En realidad estos trucos eran pequeños parches para intentar salvar económicamente un proyecto en el que
no se había cumplido ninguna de las expectativas iniciales, ni profesionales ni personales, de sus protagonistas.

XXIII.   SE CIERRA MARILYN MONROE PRODUCTIONS

Si exceptuamos a Greta Garbo, no ha habido en la pantalla ninguna mujer con tanto voltaje como Marilyn Monroe (Billy Wilder).

Con la llegada del nuevo año Marilyn quiso cambiar completamente su vida. Convenció a su marido para que vendiera la casa de Roxbury y juntos alquilaron un apartamento en Nueva York; preparó todos los papeles para deshacer su unión con Milton Greene, al que acusaba de tener muy mal carácter, no saber defenderla delante de los directores y de los productores y de haber realizado malversación de fondos con el dinero de la Marilyn Monroe Productions, Inc., con los que había comprado obras de arte a nivel particular, y sobre todo quería tener un hijo a toda costa, por lo que se sometió a un tratamiento médico para quedarse embarazada. Pero en 1957 los verdaderos problemas llegaron para Arthur Miller, porque el 18 de febrero recibió una notificación del Gran Jurado Federal acusándole de desacato y ultraje al Congreso de los Estados Unidos de Norteamérica. En concreto se le imputaban dos cargos que estaban tipificados con un año de prisión y una multa de 1.000 dólares cada uno de ellos. Sus abogados argumentaron que su cliente nunca se había negado a declarar en el Senado y que el motivo por el que fue citado era porque había solicitado un pasaporte para acompañar a la que iba a ser su mujer por cuestiones de trabajo a Inglaterra y que jamás había intentado huir porque, de hecho, ya se encontraba otra vez viviendo en el país. Miller tuvo que pagar una fianza de 1.000 dólares y estuvo tan preocupado preparando su defensa durante los primeros meses del año que el matrimonio se encerró en su casa sin hacer apenas vida social. Todo había cambiado en el hogar de los Miller, y Marilyn se sorprendió al comprobar que Arthur estaba excesivamente nervioso y que a veces hasta llegaba a perder la calma que había mantenido anteriormente. Para superar esta situación, Marilyn comenzó a beber y a comer casi de forma compulsiva y también volvió a recibir clases de interpretación bajo las enseñanzas de Lee Strasberg.

En el mes de abril Joseph Warner la invitó a visionar en sus estudios el montaje final de *El príncipe y la corista*, y Marilyn quedó tan decepcionada con lo que vio que decidió romper inmediatamente cualquier tipo de relación con Milton Greene. El 11 de abril, la actriz convocó una rueda de prensa para anunciar públicamente la disolución de la sociedad Marilyn Monroe Productions, Inc., acusando a su antiguo socio de haber sido un mal administrador, de no haber sabido defenderla, de mirar sólo por sus intereses y de haber traicionado los estatutos de la sociedad, ya que le había otorgado el 49 % únicamente porque creía que podía realizar películas independientes y de calidad que aseguraran sus intereses artísticos y económicos. Por su parte, Green, que cobró 100.000 dólares de finiquito, se defenfió acusando a Marilyn de hipersensible y esquizoide, capaz de desquiciar a todo el mundo porque podía pasar en cuestión de segundos de ser maravillosa y brillante a una persona inaguantable.

Un mes más tarde llegó la hora de la verdad. Marilyn viajó con Arthur a Washington para estar junto a él mientras durase la celebración del juicio y durante esos días el matrimonio no se separó de Joseph Rauh, el abogado que defendía al escritor. Era curioso ver a Miller extremadamente nervioso y enfadado, y durante los seis días que duró el juicio se situó junto a su abogado sin decir nada y dibujando caricaturas constantemente. Marilyn intentaba mediar a favor de su marido y siempre que podía se acercaba a los periodistas para decirles que estaba segura de que Arthur nunca sería condenado porque era inocente. Pero una vez más la actriz se equivocó, porque al escritor se le consideró culpable de un delito de ultraje al Congreso según explicó el juez Charles McLanghin. Los abogados de Miller elevaron un recurso ante la Corte Suprema alegando que el caso por el que se le juzgaba y por el que se negó a delatar a los miembros del Partido Comunista que habían utilizado un pasaporte falso había sucedido hacía más de diez años, y que además era irrelevante por el motivo por el que había sido llamado a declarar, que era el haber solicitado un pasaporte para salir del país. Finalmente, el dramaturgo fue multado con 550 dólares y condenado a una pena de un mes de prisión, que no tuvo que cumplir ya que el caso se había elevado a la Corte de Apelaciones y la Caza de Brujas del senador McCarthy estaba a punto de desaparecer completamente.

El 13 de junio se estrenó en Nueva York *El príncipe y la corista*, y a pesar de los temores de Marilyn a que entonces afloraran de nuevo las malas relaciones surgidas durante el rodaje entre la actriz y el director, durante la *première* sir Laurence Olivier, que había viajado a los Estados Unidos, comentó sobre Marilyn: *Durante el rodaje de la película siempre hizo más de lo que se le pedía. Es una excelente actriz y fue muy agradable trabajar con ella.* Pero los críticos cinematográficos no opinaron

110

lo mismo que el realizador británico y calificaron el filme de mediocre y de falto de ritmo. Sólo la revista *Life* dio cierto respiro a sus responsables al publicar: *La extraña combinación de Marilyn Monroe con el monarca del teatro clásico ofrece una chispeante película. Sir Laurence Olivier aparece impecable en el papel de un irascible príncipe regente que visita Londres en 1911, y Marilyn interpreta a una corista norteamericana que es encantadora cuando bebe y adorable cuando se enamora. Marilyn, con su vocecilla aflautada y los contoneos que acentúan su vena cómica, por momentos llega a oscurecer al gran actor shakesperiano sir Laurence Olivier.*

Para recuperarse de la tensión que habían padecido durante la celebración del juicio y para intentar olvidar lo antes posible la mala acogida de *El príncipe y la corista*, el matrimonio Miller alquiló una casa en la localidad costera de Amagansett, en Long Island. Fueron días muy felices y tranquilos, donde parecía que todo iba a cambiar. Arthur recibió la proposición de escribir un guión cinematográfico de uno de sus relatos, titulado *The misfits* (en España, *Vidas rebeldes*), que recogía la historia de unos cazadores de caballos salvajes que luego vendían la carne de los animales a una fábrica de comida para perros. Este argumento se le había ocurrido al escritor cuando tuvo que permanecer en Nevada durante seis semanas para obtener su divorcio y poder casarse así con Marilyn. En uno de sus paseos vio a un grupo reducido de vaqueros y a continuación un almacén donde se guardaba comida para perros conservada en latas, que más tarde se repartían por todo el estado. En realidad *The misfits* era un relato demasiado corto como para poder adaptarlo a la pantalla grande tal y como estaba, y Miller comenzó a dar forma al carácter y a la vida de sus protagonistas. Además decidió incorporar el personaje femenino de Roslyn Tabor, inspirado en su propia esposa y en el terror que sentía cuando veía que alguien maltrataba a los animales.

A mediados del mes de julio parecía que la vida al fin sonreía a los Miller, porque si Arthur podía conseguir uno de sus sueños profesionales más desados, como era escribir un guión cinematográfico, Marilyn estaba a punto de hacer realidad su sueño personal más buscado al descubrir que estaba embarazada. Pero desgraciadamente, la ilusión que sentía Marilyn por ser madre se transformó en tristeza cuando el día 1 de agosto tuvo que ser ingresada urgentemente en el hospital de Manhattan. La actriz se había desmayado en el jardín de su casa y Arthur, que estaba hablando por teléfono con Sam Show sobre el guión de *The misfits*, la vio tendida en el suelo desde la ventana. Cuando llegaron a la clínica, los médicos la intervinieron urgentemente de un embarazo

111

extrauterino y tuvieron que interrumpir la gestación para salvar la vida de la madre.

Cuando salió del hospital una semana más tarde, Marilyn estaba sumida en una profunda depresión. Los médicos le habían dicho que a pesar de las dificultades que evidentemente iba a encontrar, podría intentar quedarse embarazada de nuevo si seguía un rígido tratamiento, pero ella estaba convencida de que nunca podría tener hijos. Para colmo de males, la madre de Arthur vino a visitarlos con el propósito de animar a Marilyn, pero el hecho de tener a su suegra todos los días junto a ella y en su casa agravó aún más el estado de ánimo de la actriz, que comenzó a beber y a comer compulsivamente para calmar su ansiedad.

La tristeza y la soledad que a partir de entonces invadió el hogar de los Miller hasta finalizar el año sólo se vio rota en contadas ocasiones por las visitas que realizaban amigos como los Rosten o los Strasberg, que abandonaban la casa sobrecogidos después de comprobar con sus propios ojos cómo Marilyn se estaba destruyendo a sí misma tanto física como anímicamente. Arthur seguía escribiendo el guión de *The misfits* con el claro propósito de ayudar a su esposa a salir de su deprimente situación. Le quería regalar el personaje cinematográfico de su vida, el que dejaría con la boca abierta a todos los críticos y espectadores que nunca habían visto ni imaginado el potencial dramático de la actriz. Pero precisamente ese papel que iba a revolucionar la industria cinematográfica los iba separando cada vez más.

Marilyn permaneció prácticamente encerrada en su casa hasta finalizar el año y sólo recibía ofertas de la Twentieth Century Fox para recordarle que seguía vigente su contrato y que había pensado realizar con ella una nueva versión de *El ángel azul* (*Der blaue Engel*), la inolvidable película que había convertido a Marlene Dietrich en la musa de Josef von Sternberg cuando los dos aún no habían escapado de la Alemania nazi. La actriz aceptó este proyecto siempre y cuando pudiera compartir protagonismo con Spencer Tracy, que en esos momentos estaba rodando para la Warner la versión cinematográfica de la novela de Ernest Hemingway *El viejo y el mar* (*The old man and the sea*) a las órdenes de John Sturges.

Al margen de estos pequeños contactos que Marilyn mantuvo con los estudios, la actriz volcó todas sus energías en la casa nueva que se habían comprado en Roxbury para pasar en ella las vacaciones y los fines de semana. Hasta que en febrero de 1958 recibió un sobre remitido por Billy Wilder con un guión cinematográfico en su interior. Se trataba de la primera aproximación de una nueva adaptación del filme alemán *Fanfaren der liebe* (*Ellas somos nosotros*, en la versión española), dirigida por Kurt Hoffman en 1951, sobre dos músicos que se disfrazan de mujeres para formar parte de una orquesta íntegramente femenina. Marilyn, que deseaba enterrar definitivamente el personaje de rubia tonta que la había hecho famosa, rechazó inmediatamente el proyecto, aunque a partir de entonces volvió a retomar contacto con el exterior y ya se la volvió a ver en diversos actos benéficos. En ellos, siempre que se la preguntaba sobre su matrimonio contestaba que era maravilloso y que todos los días daba gracias a Dios por tener a su lado a una persona como Arthur, de la que estaba completamente enamorada y que le había hecho olvidar la soledad que hasta entonces había dominado su vida.

Al mes siguiente Spyros Skouras telefoneó a Marilyn acosejándole que aceptara el guión que le había propuesto Billy Wilder, porque era el director que mejor la había tratado y comprendido en toda su carrera, y que a la Twentieth no le importaba esperar porque seguramente cuando terminara el rodaje de la película Spencer Tracy ya estaría libre para coprotagonizar la versión norteamericana de *El ángel azul*, tal y como ella quería. Las intenciones del gran jefazo de la Fox eran tan sinceras como económicas, ya que *El príncipe y la corista* había resultado un fracaso tan rotundo que hasta prefería que una productora diferente, en este caso la United Artists, fuera la que se arriesgase a reflotar artísticamente a su estrella. Al final fueron tantas las llamadas y los consejos recibidos, incluidos los del propio Lee Strasberg, en este sentido, que la actriz terminó por aceptar el papel de una cantante de orquesta que toca el ukelele y tiene por «compañeras» a dos hombres que huyen de la Mafia.

El 8 de julio Marilyn Monroe se volvía a enfrentar a la prensa para presentar una nueva película. En esta ocasión estaba rodeada de Billy Wilder, Tony Curtis y Jack Lemmon, mientras en su retaguardia se encontraban sus inseparables Paula Strasberg y May Reis, su nueva secretaria personal. Cuando fue preguntada sobre si también iba a llegar continuamente tarde en este rodaje, la actriz contestó: Soy *capaz de aceptar este tipo de críticas. Se ha llegado a decir que sufro temor social y que éste es el motivo por el que siempre llego tarde y la razón de por qué me visto con ropas ajustadas y excéntricas. Creo que ya no llego tan tarde, y para una vez que me presenté puntualmente a una fiesta todavía no había llegado nadie.*

El 7 de agosto, cuando Marilyn ya se había incorporado en Hollywood al rodaje de *Con faldas y a lo loco* (*Some like it hot*), que así se llamaría finalmente la versión norteamericana de *Ellos y ellas*, Arthur Miller recibió una gran noticia: la causa que se seguía contra él había sido sobreseída. Todos los cargos que se le imputaban quedaban automáticamente anulados y sobre el escritor ya no recaía ningún tipo de sospecha. Además, con esta resolución también se anunciaba prácticamente la defunción del *Comité de Actividades Antiamericanas*, por lo que esa noche no fue sólo Marilyn Monroe la que brindó con champán por la inocencia de su marido, sino que la acompañó la inmensa mayoría de la industria cinematográfica, que creía recuperar así la libertad en el séptimo arte.

XXIV.   LA MEJOR COMEDIA
DE TODOS LOS TIEMPOS

Marilyn era una pobre chica que de repente se convirtió en una estrella y todos los que la rodeaban querían que además se conviertiera en una gran actriz. Es como si el compositor de Cantando bajo la lluvia *de pronto aspirase a componer una sinfonía clásica* (Billy Wilder).

Después de esta noticia Marilyn acudió a los ensayos más calmada que de costumbre, hasta el punto de que el propio Billy Wilder se quedó sorprendido y realizó toda clase de alabanzas hacia Lee Strasberg, diciendo que el director del Actor's Studio había convertido a Marilyn Monroe en una verdadera actriz, por lo que en ningún momento se opuso a que Paula Strasberg estuviera presente en el plató. Sin embargo, sí le pidió a la estrella que adelgazara 10 kilos, pero Marilyn se mantuvo firme en su decisión de no perder peso argumentando que así le gustaba a su marido y al final apareció en todas las escenas tan exuberante y rolliza que parecía embutida en los vestidos creados expresamente para ella por Orry Kelly.

Con faldas y a lo loco estaba destinada desde el primer momento a ser una gran película, como décadas más tarde corroboraría el Instituto Americano del cine cuando catalogó este filme como la mejor comedia de todos los tiempos. Y es que sólo dos genios como Billy Wilder e I.A.L. Diamond, cuyas iniciales hacen referencia a Interscholastic Algebra League (Liga Interescolar de Álgebra), podían imaginar un guión tan excepcional. Lo primero que exigió el director fue cerrar el cartel protagonista, ya que dependiendo de los actores que se iban a hacer cargo de los personajes se escribirían frases concretas intentando ser fieles a su entonación y estilo. Wilder siempre quiso que Marilyn encarnara a Sugar Kane y luchó lo indecible para que la actriz aceptase este papel, por el que cobró 300.000 dólares además de una pequeña participación de los beneficios de taquilla. Su sueldo era el triple que el de los otros dos protagonistas: Tony Curtis, que sustituyó a última hora a Frank Sinatra, y Jack Lemmon, cuyo salario fue de 100.000 dólares cada uno.

Pero ya el primer día de rodaje Marilyn Monroe llegó tarde y se negó a rodar en blanco y negro amparándose en una cláusula contractual, según la cual todas las películas en las que ella trabajara deberían filmarse en color. Tras varias discusiones, los productores consiguieron convencerla de que el color perjudicaba ostensiblemente el maquillaje de los actores protagonistas disfrazados de mujeres, y que en las pruebas que se habían realizado anteriormente Jack Lemmon y Tony Curtis no resultaban convincentes cuando aparecían travestidos. Finalmente Marilyn cedió, aunque, eso sí, después de ver las tomas de los ensayos de las que tanto se hablaba.

Tampoco fue fácil conseguir que Marilyn Monroe trabajara con Tony Curtis, ya que, según se comentaba, los dos actores habían mantenido una relación sentimental cuando comenzaban en Hollywood y la actriz era la que peor parada había salido de este idilio, por lo que desde el primer momento intentó hacer la vida imposible a Curtis. Por ejemplo, para realizar la secuencia de la seducción en el yate fueron necesarias 59 tomas, y aunque el actor ha desmentido en varias ocasiones haber manifestado que esa escena fue tan difícil de filmar porque besar a *Marilyn era peor que besar a Hitler*, hay que recordar que esta negación la realizó varios años más tarde y cuando la actriz ya había fallecido, porque el rodaje para Curtis y Lemmon fue realmente insufrible. En una escena en la que los dos aparecen en su dormitorio vestidos de mujer y Marilyn golpeaba la puerta diciendo: *Soy yo, Sugar*, y los otros le permitían entrar, la actriz estuvo toda la tarde recitando su frase con las palabras cambiadas, como: *Sugar soy yo* o *Yo soy Sugar*. La enemistad entre ella y Tony Curtis era tan grande que en la escena en la que el actor está comiendo un muslo de pollo para hacer creer que no le atraía Sugar, Marilyn no decía bien las frases y Curtis tuvo que masticar el pollo más de 40 veces. No es extraño que al finalizar su trabajo dijera a los periodistas en tono lastimero: *No me gusta hablar mal de ningún compañero, pero ya no puedo más. Marilyn es la mujer más insoportable que conozco. Está convirtiendo este rodaje en una verdadera tortura. Llega siempre tarde sin motivo justificado. Se burla de todo el mundo y hace que la gente se enemiste entre sí. A Jack y a mí nos dijo que Billy Wilder había perdido cualidades como director, y después, volviéndose a Jack, le comentó de forma ofensiva que le hubiese gustado más interpretar las escenas de amor con él que conmigo.*

Jack Lemmon se tomó el rodaje con mejor humor y comentó sonriente a los periodistas que en realidad Marilyn tenía una especie de sirena interior que sonaba cuando no estaba satisfecha con una escena, entonces paraba el rodaje sin pedir permiso al director y ordenaba repetir el trabajo a todo el mundo. Incluso él mismo se sorprendió enormemente cuando Wilder dio por válida la primera toma de la escena en la que aparecen en la litera, porque, según sus palabras, *ya nos habíamos acostumbrado al ritmo de Marilyn y debíamos realizar 40 tomas cada vez que ella tenía que decir dos frases.*

También Billy Wilder, a pesar de su flema y de su paciencia, se enfrentó con Marilyn en múltiples ocasiones. Siempre debía filmar a primera hora las escenas en las no aparecía la actriz, aunque no estuviera previsto así en el plan de rodaje, porque Marilyn llegaba tarde todos los días. En otra ocasión todos se quedaron sorprendidos cuando le oyeron gritar: ¡*Corten!*... *Si a Paula le parece bien, claro*, y se quedó mirando directamente a Paula Strasberg, que llevaba un buen rato haciendo señas a Marilyn para que repitieran las escenas una y otra vez. Marilyn era injusta cuando se enfadaba con Wilder porque el director cambiaba siempre el guión si a ella no le parecía gracioso y en el montaje siempre eligió las tomas en las que mejor se veía a Marilyn, en detrimento de Tony Curtis y Jack Lemmon, y es que el realizador era consciente de los problemas internos que estaba atravesando la estrella. Bebía constantemente y su taza de café siempre estaba llena de *vermouth* y de ginebra, y le recomendaba a Paula Strasberg en tono paternal que ayudase a su alumna a conseguir su estabilidad y seguridad sin tener que recurrir a los efectos del alcohol y de las pastillas.

A Wilder y a Diamond no les importó cambiar la primera aparición de Marilyn en la película. Inicialmente la actriz aparecía rodeada de sus compañeras de orquesta tocando el ukelele dentro del vagón, y como esta presentación no le gustó decidieron que apareciese corriendo por el andén de la estación cuando el tren ya iba a salir y un chorro de vapor le daba un susto por la espalda. Pero cuando Billy Wilder ya no pudo más fue cuando la actriz se quejaba constantemente de que Jack Lemmon y Tony Curtis disfrazados de mujer parecían más jóvenes que ella, y también cuando tuvo que rodar una escena particularmente sencilla en la que Marilyn sólo debía decir: ¿*Dónde está el bourbon?*, mientras buscaba la botella en un cajón, y fue incapaz de declamar esta frase durante todo un día, a pesar de que se la habían escrito en la pizarra, en el mueble, dentro del cajón... El director terminó tan desesperado que llegó a manifestar: *Cuando llego a mi casa después de trabajar con Marilyn Monroe me dan ganas de estrangular a mi esposa por el mero hecho de ser mujer.*

Las cosas se complicaron aún más cuando Marilyn comunicó al director que estaba embarazada y a partir de ese momento la figura de Arthur Miller también fue una constante en el plató. El escritor intentaba por todos los medios que su mujer no se alterara y estuviera entre algodones para que no volviera a perder el niño que esperaba, lo que irritaba sobremanera a Wilder, que siempre creyó que la actriz no estaba embarazada, sino que bebía y comía tanto que no hacía más que engordar y como ella no aceptaba ese cambio físico en su cuerpo prefería pensar que iba a ser madre. Por este motivo el director se mostraba inflexible y cuando Miller le pedía que dejara irse a su mujer temprano a casa para descansar, él le contestaba: *Pero Arthur, ningún día consigo rodar con ella antes de las tres de la tarde, si llega a las nueve de la mañana te prometo que se podrá ir a mediodía.*

Cuando terminó el rodaje de la película, Wilder invitó a cenar en su casa a todos los integrantes del equipo técnico y artístico excepto a Marilyn Monroe. Este detalle y las repuestas que el director ofrecía cuando le preguntaban sobre ella, ya que decía cosas como: *Soy el único realizador que ha hecho dos películas con Marilyn Monroe y creo que debería recibir una medalla del Congreso norteamericano,* enojaron enormemente a la actriz, que comenzó a cruzar una serie de telegramas con Wilder y que finalizaron cuando el director envió una irónica nota a la prensa con el siguiente mensaje: *Quisiera hacer constar, para que lo sepa todo el mundo, que Marilyn Monroe nunca llegó tarde al rodaje; que no sólo fue puntual sino que se presentaba cada mañana tres horas antes de lo que le pedía la productora.*

A pesar de todos estos inconvenientes y de que al final del largometraje el actor Joe E. Brown le contesta a Jack Lemmon que *nadie es perfecto,* una de las frases más célebres de la historia del cine —cuando el segundo le descubre que no es una mujer—; lo cierto es que *Con faldas y a lo loco* rozó la perfección, tanto artística como económicamente. Sólo en su primer turno de exhibición en los Estados Unidos la película consiguió ocho millones de dólares de beneficio y posteriormente fue nominada a los Oscar destinados al mejor director, actor (Jack Lemmon), guión adaptado, fotografía en blanco y negro, decoración en blanco y negro y vestuario en blanco y negro, aunque sólo consiguió la estatuilla en el último apartado.

Todo el mundo estaba contento con el resultado final. Billy Wilder había hecho una gran comedia, United Artists había recuperado con creces el dinero invertido, Tony Curtis y Jack Lemmon vieron cómo aumentaba considerablemente su prestigio y su caché, los responsables de la Twentieth Century Fox habían recuperado a su estrella del ostracismo y Marilyn Monroe… Marilyn Monroe fue la única insatisfecha de esta película. Creía que todo el mundo se iba a reír de ella porque parecía demasiado cómica y con un peso tan excesivo que la compararían con un cerdo. Además a nivel personal también estaba celosa porque Arthur Miller estaba invadiendo su terreno al escribir un guión cinematográfico. Creía que para ella era el cine y para él el teatro y la literatura, pero nunca imaginó que tuvieran que mezclar su matrimonio con el mismo trabajo. Tan indignada estaba que sólo ponía pegas al personaje de Roslyn que su marido estaba escribiendo para ella y se negó en redondo a interceder

Fotograma de la película La tentación vive arriba.

para que John Huston leyera el guión de *The misfits* cuando estuviera terminado. Tan mal estaban las relaciones en el matrimonio que cuando Richard Avedon realizó un reportaje fotográfico de la actriz para la revista *Life* y le pidió a Miller que escribiera un comentario sobre las imágenes, éste sólo hizo referencia al carácter maravilloso y alegre de su esposa, y no a las actrices Clara Bow, Marlene Dietrich, Thera Bara, Lillian Russell y Jean Harlow, a las que ella quería inmortalizar en las fotografías. Para intentar superar este disgusto Marilyn mezcló pastillas con alcohol y tuvo que ser ingresada urgentemente. En la ambulancia, junto a ella, iba Paula Strasberg y cuando la actriz se despertó le informó de que había perdido al niño, si es que estaba embarazada. Cuando dijo que quería ver a su marido, Arthur estaba enviando, a través de Jean-Paul Sartre, el guión de *The misfits* a John Huston, que en esos momentos estaba rodando en París *Las raíces del cielo* (*Roots of heaven*) con Errol Flynn y Juliette Greco.

XXV.   YVES, *MON AMOUR*

Marilyn no tiene malicia, es simplemente una estrella, un ser con luz propia, original y de leyenda... Y contratar a una leyenda viva realmente cuesta una fortuna (Jerry Wald, productor de Twentieth Century Fox).

Al comenzar el año 1959, Marilyn se propuso interesarse por algunos de los proyectos que le enviaban desde los estudios, pero rechazaba prácticamente todos ellos antes de abrir los sobres porque esperaba rodar todavía la versión moderna de *El ángel azul* con Spencer Tracy y sólo prestó atención a un nuevo largometraje que incluía a Elia Kazan en la dirección, sobre todo para dar celos a Arthur Miller, que apenas salía de su despacho porque quería terminar el guión de *The misfits* en un tiempo récord.

El 25 de febrero se estrenó *Con faldas y a lo loco*, y Marilyn apareció espléndida, vestida con un traje blanco y tan sonriente que dijo a los periodistas que su mayor ilusión sería volver a trabajar con Billy Wilder, pero el director contestó rápidamente que en esos momentos no se lo permitían ni su médico ni su psicólogo. Las críticas fueron unánimes a la hora de catalogar la película como una de las mejores comedias de la historia del cine y Marilyn volvía a estar en las primeras páginas de los periódicos. Parecía que todo volvía a la normalidad e incluso que Marilyn era más estrella aún que antes. El 13 de mayo recibió en el Consulado italiano de manos de Ana Magnani el Premio David di Donatello, equivalente al Oscar italiano, a la mejor actriz por su interpretación en *El príncipe y la corista*, y este galardón le volvió a dar confianza en sí misma, porque si con una de sus peores películas e interpretaciones era tan reconocida en Europa, su carrera podía ser realmente imparable.

Aunque sus relaciones con Arthur se iban deteriorando cada vez más, sobre todo después de que el escritor recibiera una carta de John Huston diciéndole que le había gustado mucho el guión y que él mismo se ofrecía a dirigir la película siempre y cuando hiciera el libreto menos teatral y más cinematográfico e indagara más a fondo en el carácter de los cuatro personajes protagonistas, Marilyn volvió a ser consciente de su *estatus* de estrella y fue rechazando todos los proyectos que le ofrecía la Twentieth Century Fox, e incluso dijo que se negaba a esperar por más tiempo a Spencer Tracy para protagonizar *El ángel azul*.

En el mes de junio Marilyn Monroe ingresó de nuevo en el hospital, en esta ocasión en el Lenox Hill, para ser operada de endometrosis crónica. Cuando salió de la clínica, Arthur y John Huston ya llevaban muy avanzada la película y se intentaban cerrar los nombres que acompañarían a Marilyn en el reparto. El primero que había intentado Huston era el de Robert Mitchum, pero el actor dijo que ya había tenido bastante en *Río sin retorno* y que trabajar con Marilyn era una experiencia que no pensaba repetir mientras viviera. Entonces todos los ojos se posaron en Clark Gable, pero en esos momentos había rechazado el guión que le habían enviado por su falta de calidad cinematográfica, aunque prometió releerlo después de ofrecerle 750.000 dólares por su trabajo. Marilyn, mientras tanto, se había propuesto protagonizar *Desayuno con diamantes* (*Breakfast at Tiffany's*), ya que, según decía la actriz, Truman Capote había escrito esta obra pensando en ella. Pero a pesar de todos sus esfuerzos la Paramount rechazó su ofrecimiento, sobre todo porque no quería volver a repetir los problemas que habían surgido en *Con faldas y a lo loco*, y dijo que el filme, dirigido por Blake Edwards, tendría como protagonista a Audrey Hepburn. En honor a la verdad hay que reconocer que este clásico del cine, que está magníficamente protagonizado por Audrey Hepburn y George Peppard, también recoge parte de la vida de Marilyn en lo que respecta a una existencia infeliz y hueca.

Después de este rechazo, y viendo que el guión de *The misfits* tenía todas las papeletas para convertirse en una gran película, porque Clark Gable y Montgomery Clift ya habían dado su consentimiento para rodar a las órdenes de John Huston, Marilyn decidió aceptar la oferta que le hacía la Fox para protagonizar una comedia musical que iba a dirigir George Cukor, uno de los directores incluidos en la lista que la actriz había dado a los estudios. Marilyn intentó fumar la pipa de la paz con Billy Wilder diciendo que firmaría el contrato si el director de *Con faldas y a lo loco* se hacía cargo de la realización. Pero Wilder dijo amablemente que tenía otros planes, como por ejemplo comenzar el rodaje de *El apartamento* (*The apartment*) y rápidamente se quitó de en medio.

A finales de septiembre se anunció la nueva película que iba a protagonizar Marilyn Monroe; se trataba de *The bimillonaire*, una comedia musical basada en una obra de teatro de Norman Krasna. Su compañero masculino sería Gregory Peck y los dos trabajarían a las órdenes de George Cukor. Pero después de esta presentación Marilyn comenzó a poner todo tipo de trabas porque no le gustaba Gregory Peck como compañero. Primero obligó a cambiar el título argumentando que *The bimillonaire* hacía referencia al protagonista masculino y no a ella, y al final se acordó titular el filme *Let's make love* (*El multimillonario* en España, porque la censura no admitió la traducción literal de *Hagamos el amor*). Después vio que su papel en el guión era más corto de lo que esperaba y le dijo a Arthur Miller que hiciera todas las correcciones que creyera conveniente hasta que en el libreto ella apareciera más tiempo que Gregory Peck. Cuando devolvió el guión a los estudios la historia había cambiado por completo y los papeles protagonistas habían dado un giro de 180 grados. Y por último comenzó a comer de una forma tan pantagruélica que llegó a engordar casi diez kilos en menos de un mes.

Como es lógico, Gregory Peck no aceptó el nuevo guión y se desmarcó completamente de la película después de manifestar a los periodistas su opinión sobre la actriz con frases como éstas: *Yo aprecio a las mujeres que saben lo que quieren, pero aún aprecio más vivir en paz... Me voy tan aliviado como si saliera de una pesadilla y no quiero volver a oír hablar de Marilyn Monroe durante el resto de mi vida. Además está tan gruesa que no puede ni ponerse las mallas de bailar, y no creo que así le sea posible actuar delante de una cámara.*

Marilyn pidió a Rock Hudson como compañero de reparto, pero el actor se disculpó diciendo que tenía otros compromisos, y lo mismo sucedió con Charlton Heston, Cary Grant, James Stewart y Kirk Douglas. Ninguno de ellos alcanzaba a comprender cómo un caballero del cine, en el sentido más amplio de la palabra, había dicho esas barbaridades de la actriz, y por solidaridad con Gregory Peck y porque todos ellos ya habían demostrado sus aptitudes a lo largo de varias décadas de trabajo, rechazaron la oferta de la Twentieth Century Fox, aunque sabían que aparecer junto a Marilyn Monroe era sinónimo de éxito en taquilla. Para una persona normal, este repudio de todos sus compañeros de profesión habría disparado todas las alarmas sobre su comportamiento, pero Marilyn no lo veía así porque seguía pensando que todos debían girar a su alrededor y hacer lo que ella quisiera. Pero precisamente esta conducta a quien sí puso sobre aviso fue a Arthur Miller, que en algunos momentos comenzó a creer que su esposa no estaba en sus cabales, que podía haber heredado la enfermedad mental de los Monroe y que el mal comenzaba a asomar ahora.

También fue Arthur Miller quien solucionó el problema del intérprete masculino para *El multimillonario* al proponer el nombre del actor francés Yves Montand, que en esos momentos estaba en San Francisco acompañado de su esposa, la actriz Simone Signoret. El matrimonio había protagonizado la versión cinematográfica francesa de la obra teatral de Miller *Las brujas de Salem* (*Les sorcieres de Salem*), interpretando a los esposos Proctor bajo las órdenes de Raymond Rouleau, y desde entonces había mantenido con el escritor muy buena relación a través de Jean Paul Sartre, que había escrito el guión del filme, ya que todos ellos defendían públicamente sus ideas izquierdistas. Montand además era cantante y estaba acostumbrado a subir a los escenarios, por lo que el papel le venía que ni pintado, y el único problema que se podía encontrar era el idioma, ya que apenas hablaba inglés, pero precisamente en la obra original su personaje era de ascendencia francesa, y lo más importante de todo es que el actor estaba loco por firmar el contrato y abrirse una carrera en Hollywood.

El rodaje de la película comenzó prácticamente con el año 1961 y en la presentación oficial del filme, en la que estuvieron presentes el director, George Cukor, y los protagonistas Marilyn Monroe, Yves Montand y Frankie Vaughan, la actriz dijo que después de su marido y de Marlon Brando el actor francés era el hombre más guapo que conocía. Todos rieron ante esta ocurrencia, porque precisamente el atractivo no era una de las cualidades de Montand, pero lo que nadie podía imaginar es que Marilyn había dicho esas palabras con el corazón.

El matrimonio Montand vivió durante esa época en un *bungalow* adyacente al de los Miller, en Sunset Boulevard, lo que hizo que congeniaran y se relacionaran más de lo que era habitual. Marilyn había adelgazado considerablemente en muy corto espacio de tiempo y de nuevo cayó enferma, lo que obligó a retrasar un rodaje que ya había empezado con varias semanas de demora. Además, la actriz exigió una nueva revisión del guión y dijo que su marido estaba escribiendo nuevas escenas siguiendo sus indicaciones.

El argumento de *El multimillonario* es realmente sencillo y está escrito para el lucimiento exclusivo de Marilyn Monroe. La actriz interpreta a una *vedette*, llamada Amanda, de la que se enamora perdidamente el heredero de una gran fortuna cuando acude a investigar los entresijos de una función que hace mención directa a su persona y a otras personalidades del momento, como María Callas o Elvis Presley. El magnate no duda en hacerse pasar por un actor aficionado e interpretarse a sí mismo para estar más cerca de su amor. La mayoría de la acción transcurre encima de los escenarios y Marilyn pidió de nuevo los servicios de Jack Cole, con el que había trabajado en *Los caballeros las prefieren rubias*, para ponerse en forma y ensayar la coreografía. Los estudios también vieron con buenos ojos esta decición, porque el ejercicio ayudaría a endurecer las flácidas carnes de su estrella. Cole, como sucediera años antes, tuvo que soportar la mala preparación de la actriz en los números de baile y repitió con ella numerosas tomas. Posteriormente el coreógafo reconocería lo que era un secreto a voces al manifestar: *Marilyn sabe que no es una gran bailarina, pero pone todo de su parte para perfeccionarse. Digamos que tiene la categoría de estrella pero sin la base ni la experiencia*

necesarias, y por eso se siente insegura y llega tarde a los rodajes, inten-
tando retrasar al máximo su encuentro con las cámaras.

Cuando George Cukor y sus ayudantes visionaron las primeras secuencias que habían filmado se quedaron horrorizados por la apariencia de
Marilyn. Estaba como hinchada y si aparecía con las mallas de baile daba
la sensación de estar embarazada, tal y como había vaticinado Gregory
Peck. Ante esta evidencia la actriz aceptó ponerse a régimen y aumentar
las horas de baile con Jack Cole. Los resultados, sin ser extraordinarios,
se hicieron notar en seguida y a principios de marzo Marilyn apareció
radiante en la ceremonia de entrega de los Globos de Oro como mejor
actriz en comedia y/o musical por su interpretación de Sugar Kane en
Con faldas y a lo loco. El filme también ganó dos premios más que otorga
la Asociación de la Prensa Extranjera en Hollywood, como mejor comedia y mejor actor en comedia y/o musical, que recayó en Jack Lemmon.
También por estas fechas los actores y escritores se pusieron en huelga
para protestar por el considerable dinero que los estudios ganaban por
emitir sus películas en la televisión cuando a ellos no les llegaba ni un
dólar de este negocio. Este hecho complicó aún más el plan de rodaje,
porque Marilyn debería estar libre para incorporarse a la filmación de
Vidas rebeldes antes de finalizar el mes de abril. Pero esta situación parecía que no iba con la actriz, y cuando el 8 de abril finalizó la huelga ella
continuaba llegando tarde y a veces ni se presentaba a trabajar en todo el
día. Sólo reaccionó cuando los abogados de la Twentieth Century Fox le
enviaron una carta acusándola, punto por punto, del retraso que había
acumulado la película por su culpa y, sobre todo, cuando recibió una nota
de Yves Montand recriminándola por su comportamiento con las siguientes palabras: *¿Por qué me haces trabajar durante horas preparando una
escena que has decidido que no harás hasta el día siguiente? Soy tu amigo
y no tu enemigo, pero los comportamientos caprichosos nunca me han
gustado.*

Una vez más Arthur Miller, que se encontraba en Nueva York dando
los últimos retoques al guión de *Vidas rebeldes*, actuó de intermediario
y consiguió que los Montand fueran a cenar esa noche a casa de Marilyn
para hacer las paces. A partir de entonces, el ritmo de rodaje fue mucho
más rápido, aunque se siguieron manteniendo los retrasos de la actriz, las
discusiones entre Paula Strasberg y George Cukor para que que no indicara a Marilyn cuándo debía repetir una toma, las pastillas, el alcohol
camuflado en una taza de café y las rarezas de una estrella que se empe-
ñaba en hacer la vida imposible a todas las jóvenes actrices que físicamente pudieran hacerle sombra. Incluso en una ocasión se negó a seguir
rodando si no se cambiaba el color del pelo a una secundaria que era peli-
rroja, pero que ella veía como rubia platino, y a pesar de que los estilistas

pusieron en su melena un tinte nuevo, con Marilyn de testigo, ella seguía viéndola rubia ante la consternación y desesperación de todos los presentes.

Una noche del mes de abril, Yves Montand y Marilyn Monroe se convirtieron en amantes. Arthur Miller había viajado a Irlanda para ultimar con John Huston el guión de *Vidas rebeldes* y Simone Signoret ya estaba en Francia para rodar con François Leterrier *Los malos golpes* (*Les mauvais coups*), después de ganar el Oscar a la mejor actriz por su trabajo en la película de Jack Clayton *Un lugar en la cumbre* (*Room at the top*). El actor francés se dirigió al *bungalow* de Marilyn porque la había encontrado muy triste por la partida de su marido y porque había contraído una pequeña gripe, y comenzaron un romance que duraría el resto del rodaje. Se ha especulado mucho sobre el motivo de esta infidelidad, si Marilyn buscaba la reacción de Arthur para que se olvidara del guión de la película y le hiciera más caso porque de lo contrario correría el peligro de perderla; si lo había hecho por despecho hacia Simone Signoret porque ella había ganado el Oscar superando a Katharine Hepburn, Doris Day y Audrey Hepburn, cuando ella ni siquiera había estado nominada, o sencillamente porque le atraía Yves Montand, que sería lo más probable.

El actor francés intentó llevar este *affaire* con la mayor discreción posible, mientras que Marilyn se mostraba de muy buen humor y continuamente sonreía en público a su acompañante cuando salían de trabajar. Para disimular su relación, Yves Montand reunió a los periodistas para criticar el comportamiento de Marilyn durante el rodaje, diciendo que estaba perdiendo el entusiasmo que había puesto en la película por culpa de los retrasos de la actriz y por sus continuas interrupciones. Además, creía que Marilyn no comprendía o ignoraba los sentimientos de los demás. Como es lógico, a su amante no le gustaron nada estas declaraciones, que incidían en las heridas abiertas por el resto de la industria cinematográfica y ni siquiera las palabras en francés que le susurraba Montand al oído consiguieron tranquilizarla.

Yves Montand estaba aterrorizado por el comportamiento inestable de Marilyn y comenzó a creer que no estaba bien de la cabeza. El 8 de junio la actriz discutió con su marido de forma acalorada por su personaje en *Vidas rebeldes*, que a ella no le gustaba nada, mientras que Arthur había manifestado públicamente que el guión de la película era muy superior a su obra teatral *La muerte de un viajante*, y que en la historia del cine habría un antes y un después de este filme. Cuando colgó el teléfono le pidió a Yves Montand que se divorciara de Simone Signoret para casarse con ella y el actor francés confirmó así sus sospechas de que Marilyn Monroe estaba completamente loca… y no precisamente por él.

126

Pero lo que jamás podía imaginar Montand es que fueran los propios directivos de la Twentieth Century Fox los que decidieran airear el romance que él mantenía con Marilyn Monroe como una alternativa desesperada para poder hacer rentable la película. Habían estado visionando algunas escenas del largometraje y vieron a Marilyn horrorosa, la actriz había perdido el encanto especial que desprendía en sus películas anteriores y ahora parecía burdamente erótica, vestida con un grueso jersey verde y mallas negras, mientras cantaba el inolvidable tema de Cole Porter *My heart belongs to daddy*, y tampoco mejoraba cuando interpretaba los temas *Incurably romantic* y *Let's make love*. Además, Yves Montand no resultaba gracioso con un inglés que apenas se le entendía y para colmo los estudios habían tenido que pagar una indemnización superior a 100.000 dólares porque el actor y cantante se vio obligado a suspender una actuación que tenía contratada en Tokio, ya que el rodaje llevaba un retraso de 26 días sobre el calendario previsto. La única alternativa para recuperar al menos parte del dinero invertido era utilizar el gancho de que los dos protagonistas eran amantes en la vida real y despertar así el morbo necesario para que los espectadores acudieran en masa al cine.

Así, a mediados de junio Marilyn Monroe hacía frente a estos rumores enfrentándose a los medios y diciendo a los periodistas: *Que Yves Montand sea uno de los pocos actores que hablan bien de mí no significa que me tenga que casar con él. Las informaciones que habéis publicado sobre Yves y sobre mí son absurdas, porque si él fuera realmente mi amor secreto, sería tan, tan secreto que no tendría que leer los periódicos diariamente para saber cómo va nuestra relación.* Pero estas declaraciones se sumaron a las fotografías de los dos amantes juntos y sonrientes que ya habían dado la vuelta al mundo, y Simone Signoret se presentó en Estados Unidos para acompañar a su marido mientras finalizaba el rodaje de la película. Marilyn, que tenía pensado retrasar su regreso a Nueva York para estar más tiempo con Yves Montand, se quedó con un palmo de narices cuando vio que el actor francés tardó sólo dos días en hacer el doblaje y que había abandonado Hollywood como un corderito acompañado de su mujer. Pero su indignación fue aún mayor cuando leyó en la prensa las declaraciones que había realizado su ex amante al llegar a París y que se podían resumir en las siguientes frases: *Marilyn es una mujer fabulosa, pero tiene un carácter infantil... Cree que porque la he besado delante de las cámaras estoy locamente enamorado de ella.*

La depresión en la que cayó Marilyn fue tan profunda que su médica de cabecera en Nueva York, la doctora Marianne Kris, la envió urgentemente al psicoanalista Ralph Greenson, que la escuchó atentamente y comprendió los motivos por los que se encontraba tan traicionada. Pero

Greenson se concentraba tan a fondo en los problemas de sus adinerados pacientes que todos ellos terminaban por depender de él; además, para ayudar a mantener esa dependencia los enviaba a otro médico que les recetaba calmantes y tranquilizantes destinados a superar el insomnio y las crisis nerviosas. Poco tiempo después Marilyn comenzó a visitar al doctor Greenson hasta seis veces por semana, sin saber realmente de quién dependía más su estado anímico, si del doctor o de los barbitúricos que le suministraba.

Marilyn estaba absolutamente desvalida y sin capacidad para poder reaccionar. Su vida matrimonial había entrado en un declive definitivo; Arthur estaba completamente volcado en el guión de *Vidas rebeldes* y no había actuado como ella esperaba respecto a su infidelidad con Yves Montand, y en su vida profesional se encontraba sola, con una industria que la consideraba tan insolidaria como loca, a pesar de sus éxitos de taquilla. Marilyn se refugió tanto en las drogas y en el alcohol que ni siquiera pudo reaccionar cuando Billy Wilder le tendió la mano diciendo que era una de las candidatas para interpretar *Irma la dulce* (*Irma la douce*), un papel que finalmente recayó en Shirley MacLaine, y también dio la callada por respuesta cuando la influyente periodista Hedda Hopper le remitió una carta abierta desde diferentes periódicos norteamericanos acusándola de ser mala actriz, impuntual, estar obesa, echar la culpa de sus errores a los demás y de haber conseguido el éxito a través de una campaña de publicidad magníficamente orquestada desde los estudios. Terminaba la misiva preguntando a la estrella si tenía algún complejo por no haber podido ser madre y si esta circunstancia le había hecho perder completamente la cabeza. Pero lo que nunca podía imaginar la periodista es lo cerca que estaba Marilyn Monroe de su segunda pregunta.

XXVI.   MUERTE
DE UN DRAMATURGO

Marilyn empezaba a beber a las 11 de la mañana y Miller y ella tenían unas discusiones espantosas en el plató... Pensé que por fin había encontrado a alguien que la odiaba más que yo (Billy Wilder).

El 18 de julio, con tres meses de retraso según lo previsto, Marilyn Monroe viajó a Nevada para incorporarse al rodaje de *Vidas rebeldes*. Cuando bajó de la avioneta que la llevó a Reno, donde habían instalado el plató para filmar exteriores, John Huston se quedó sorprendido por el estado físico tan lamentable que exhibía. Parecía tan enferma y agotada que apenas podía moverse si no era con la ayuda de Arthur, y sólo sonrió brevemente cuando vio que también la esperaban su peluquera, Agnes Flanagan, y su maquilladora, Whitey Snyder.

Marilyn nunca quiso hacer esta película por varios motivos: odiaba el guión que había escrito Arthur y que tanto les había separado, no se veía reflejada en el personaje de Roslyn Tabor y menos aún en el supuesto tributo con el que su marido quería agradecer su amor, sospechaba que Arthur la había utilizado para abrirse las puertas como guionista cinematográfico después de haber triunfado en el teatro y sabía que este filme, que los productores y algunos periodistas habían calificado como la película más perfecta de la historia del cine, tendría que cambiar enormemente para superar la calificación de mediocre. Pero lo más curioso del caso es que cuando comenzó el rodaje de *Vidas rebeldes* el guión aún estaba sin concluir y como cualquier libreto abierto y en cierta forma biográfico, el autor iba escribiendo sus sentimientos día a día, sin percibir que las relaciones de amor-odio podían cambiar de la noche a la mañana, una circunstancia que sería decisiva para que pocas veces en la historia del cine la realidad superara a la ficción de una forma tan dramática como en esta película.

La historia del filme gira en torno a la supervivencia anímica de cuatro personajes absolutamente desarraigados, que muestran sus sentimientos más profundos durante una cacería de caballos salvajes. Los tres hombres se ven influenciados por la presencia de Roslyn, una mujer madura que ha viajado a Reno para solicitar su divorcio y de la que se enamoran a la vez dos de ellos que hasta entonces eran amigos (Montgomery Clift y Clark Gable), y a través de esta nueva relación irán dibujando la historia de una frustración. Todo el argumento de la película está plagado de metáforas que confluyen en los problemas conyugales que estaban padeciendo los Miller, y con el guión Arthur hacía que Marilyn se moviera como un muñeco inerte a través de unas frases que la actriz encontraba tan familiares que le parecía estar haciendo una exposición pública de su fracasada vida matrimonial.

Marilyn creía que su marido la estaba dejando en ridículo delante de todos para mostrar su resentimiento hacia ella y hacia su pasado. No había logrado entender su carácter de figura pública ni le había perdonado su vida anterior, y estos motivos le habían llevado a crear un personaje ñoño y superficial, que no podía presenciar el sufrimiento de los animales sin explicar las razones de esta reacción. Marilyn estaba decepcionada con la película y con Arthur, y se refugió una vez más en las pastillas y en el alcohol. Ante esta situación también se fue enfriando la ilusión que tenía John Huston, al que tampoco le terminaba de convencer el guión que había escrito Miller, y decidió cambiar los planes de rodaje. Ya no se filmaría la historia cronológicamente, como estaba previsto al principio, sino dependiendo del estado físico y anímico de Marilyn, pero sí se mantenía el blanco y negro en la cinta para dar mayor intimidad y privacidad a los personajes.

Los productores además temían enormemente la influencia de Montgomery Clift en Marilyn Monroe, porque si la actriz estaba desilusionada con su matrimonio el actor llevaba varios años con una frustración vital a causa de su homosexualidad, y los dos habían encontrado un remanso de paz en las drogas y en la bebida. En este sentido Marilyn gozaba de mayor libertad que Monty, al que se le había asignado un chófer con limusina para que lo depositara directamente desde el hotel en el que se hospedaba hasta el rodaje en pleno desierto. Los dos actores se hicieron muy amigos y además de realizar juntos algunas de las escenas más emotivas de la película, cada uno de ellos entendió perfectamente los problemas que tenía el otro. Si Marilyn decía que de todas las personas que había conocido Montgomery Clift era el el único que realmente estaba peor que ella, el actor llegó a manifestar: *Marilyn tenía una adicción tan grande a las drogas que apenas podía funcionar sin ellas, y cuando trabajaba estaba paranoica, discutiendo continuamente con Huston, Miller y Wallach y produciendo interminables retrasos. Parecía sonámbula porque sufría de insomnio, y para combatirlo se tomaba hasta cuatro pastillas de Nembutal en una noche, pero ni siquiera el abrir la cápsula y absorber el polvo en la mano le causaba efecto.*

No tuvieron que pasar muchos días para que todos los que trabajaban en el rodaje de la película percibieran que Arthur Miller y Marilyn Monroe no hacían vida en común. El matrimonio apenas se hablaba o sólo se comunicaba a través de Paula Strasberg y de su secretaria May Reis, que anteriormente había trabajado para Arthur, y no compartían la misma habitación. Pero curiosamente ambos cumplían con sus deberes profesionales cuando debían trabajar juntos. Marilyn le consultaba a su marido sobre el personaje que debía interpretar y Arthur entregaba todas las noches a su esposa las nuevas páginas del guión. Según Paula, esta entrega tan tardía alimentaba en Marilyn el insomnio y la falta de confianza en sí misma, porque se quedaba memorizando las escenas del día siguiente una y otra vez en un estado de nervios realmente preocupante al desear estar perfecta delante de sus compañeros. No se sabe si esta aseveración de la profesora de arte dramático era cierta o sólo quería disculpar a su alumna, que nunca llegaba a trabajar antes del mediodía y en un estado realmente penoso para desesperación de todo el equipo artístico y de producción.

Mientras tanto Marilyn estaba tan enfadada como enamorada de Arthur e intentaba provocar los celos en su esposo siempre que tenía ocasión. Por ejemplo en una escena en la que ella estaba dormida y Clark Gable la despertaba con un beso, la actriz dejó al descubierto uno de sus pechos a propósito. John Huston dejó que los dos actores finalizaran la escena y sólo entonces se dirigió a Marilyn diciéndole que ese supuesto desnudo no estaba incluido en el guión y que además tanto él como la mayoría de los presentes ya habían visto sus senos al natural. La actriz le contestó, mientras miraba a su marido fijamente, que sólo buscaba hacer cosas que con el tiempo ayudarían a que desapareciera la censura en el cine y poder demostrar que los actores también pueden aportar su granito de arena para dotar de cierta dosis de realismo al guión. En otra ocasión Marilyn debía bañarse con un bikini color carne y apareció con el busto erguido y moviendo sus caderas de forma provocativa ante todos los operadores y técnicos, imaginando que se iba a repetir la misma acogida que había tenido durante el rodaje de *Love nest*. Pero su supuesto desfile sensual sólo provocó un compasivo silencio entre sus compañeros y que Arthur abandonara el plató ante la patética aparición de su mujer. Marilyn estaba completamente drogada, había mezclado anfetaminas con alcohol y tranquilizantes que recibía todas las semanas desde Los Angeles en unos paquetes especiales que le enviaba el doctor Hyman Engelberg. La situación se hizo tan insostenible que los maquilladores debían trabajar con ella cuando estaba dormida y se tuvieron que utilizar pelucas en varias

131

escenas porque la actriz no se dejaba peinar. John Huston, desesperado, habló directamente con Arthur Miller para decirle que debía alejar a su esposa de las drogas porque si continuaba así algún día podría ocurrir un desenlace fatal y él sería el único responsable. Miller recordó en esos momentos que cuando contrajeron matrimonio, su amigo y también escritor Truman Capote publicó una pequeña y curiosa reseña sobre el enlace titulada *Muerte de un dramaturgo*, en alusión a la obra teatral de Arthur *Muerte de un viajante*, vaticinando, casi punto por punto, el futuro que les esperaba y el final tan dramático que se iba a producir.

Todos estos acontecimientos hicieron que hasta John Huston perdiera todo el interés que sentía por la película. El realizador comenzó a beber y a visitar los casinos todas las noches, aunque para ello tuviera que recorrer varios kilómetros y a la mañana siguiente no estuviera en las condiciones idóneas para dirigir un largometraje. El caos se hizo el rey del rodaje y los únicos que mantenían la compostura y se comportaban como auténticos profesionales eran Clark Gable y Eli Walach. El desorden llegó hasta el extremo de que el propio Huston, que en su juventud había sido un tahúr profesional, se estaba jugando a los dados, a las cartas y a la ruleta parte del dinero de una cuenta bancaria que se había destinado para gastos de la película, y Arthur Miller comenzó a flirtear públicamente con una fotógrafa de la agencia Magnum, llamada Inge Morath. Ante esta situación, el propio Huston propuso que se suspendiera temporalmente el rodaje con la excusa de que Marilyn Monroe ingresara en el hospital para intentar superar sus problemas con las drogas y el alcohol. La actriz voló a Los Angeles junto a su secretaria para pasar una semana en el Westside Hospital y someterse a una cura de desintoxicación, aunque los estudios habían enviado una nota de prensa a todos los medios informando de que Marilyn sufría un profundo agotamiento, porque se había incorporado al rodaje sin haber tenido tiempo para descansar y porque las altas temperaturas del desierto de Nevada habían hecho mella en su fortaleza. Precisamente la película *El multimillonario* se estrenó mientras ella estaba hospitalizada y las críticas fueron realmente devastadoras, coincidiendo la mayoría de ellas en que Marilyn descendía su categoría de actriz porque no tenía ni una sola frase inteligente en todo el filme y que Yves Montand hacía el ridículo con su aspecto desgarbado y poco ágil, que le impedía protagonizar un musical.

Arthur Miller estuvo acompañando a Marilyn los últimos días de su estancia en el hospital, y el 5 de septiembre el matrimonio regresó a Reno. En la estación los estaba esperando el resto del equipo artístico y fueron recibidos por la banda municipal de música de la ciudad. Cuando Marilyn descendió del vagón todos se quedaron sorprendidos porque parecía que había rejuvenecido varios años. Su piel aparecía tersa y su sonrisa era sana y natural. Los médicos la habían sometido a largas sesiones de sueño y le habían recetado una dieta rica en vitaminas. Por fin John Huston podía estar tranquilo, porque había visto que Marilyn volvía a dominar su vida y su carrera y él ya tenía en su poder el dinero de la película que se había gastado en los casinos, ya que había conseguido convencer a los responsables de la United Atists para que inyectaran un nuevo capital de 500.000 dólares a un rodaje que se había demorado 40 días más de lo previsto.

Durante los 15 días siguientes la filmación de *Vidas rebeldes* fue ejemplar, pero una vez más Marilyn volvió a tomar tranquilizantes y consiguió que un médico de los alrededores le inyectara Amytal, que la excitaba enormemente y provocaba que se enfrentara a todo el mundo. Por fin, el 18 de octubre John Huston dio por finalizadas las escenas de exteriores de la película y para celebrarlo organizó una fiesta y pidió como un favor personal que Marilyn y Arthur aparecieran juntos en la velada. Todo había concluido, Huston había conseguido un filme escalofriante, violento y abrumador en un sobrecogedor blanco y negro, mientras que Miller había fracasado como guionista, no había logrado escribir el guión que quería regalar a su mujer, no explicaba por qué Roslyn Taber no podía ver sufrir a los animales y por qué se comportaba de una forma tan extraña, seguramente porque él nunca llegó a comprender a su esposa, y daba la impresión de que sus reacciones, sus inseguridades y sus picardías nunca le habían importado. Pero al final *Vidas rebeldes* alcanzó la consideración de clásico del cine, más que por su calidad por su maldición, porque todos sus intérpretes parecen estar representándose a sí mismos mientras intentan plantar cara a una muerte real, que Arthur Miller, sin saberlo, había incluido en el guión.

XXVII.   EL OCASO DE LOS DIOSES

En un principio me gustaba Miguel Ángel, luego me entusiasmó El Greco y ahora siento predilección por Goya, porque conozco muy bien los monstruos que pintaba. Yo los veo continuamente y si Goya los veía, debo pensar que yo no estoy loca (Marilyn Monroe).

El rodaje de *Vidas rebeldes* finalizó oficialmente el 4 de noviembre, después de filmar las últimas escenas de estudio, y al día siguiente Clark Gable fue ingresado urgentemente en el hospital al sufrir un infarto de miocardio. El galán por excelencia de Hollywood había sido padre unos días antes, cuando estaban rodando exteriores en Pyramid Lake, y no había tenido tiempo de conocer a su hijo. El actor había terminado agotado por el trabajo, por los bruscos cambios de temperatura que tuvo que soportar en el desierto y por la paciencia infinita que había tenido con Marilyn, a la que admiraba de verdad y a la que disculpaba continuamente diciendo que ella tardaba tanto en realizar las escenas por su afán de superación. Sin embargo, los retrasos de la actriz también fueron minando su infinita paciencia y cuando sufrió el ataque al corazón todos los que estuvieron presentes en el rodaje de la película recordaron que Gable interpretó él mismo escenas que normalmente realizan los dobles, para no defraudar a sus seguidores, y cómo en una ocasión tuvo que repetir infinidad de tomas cargando con un pesado bloque de cemento que Marilyn debía utilizar como escalón, porque la actriz no conseguía interpretar bien su papel. Esta noticia fue sólo el primero de una serie de desgraciados acontecimientos que convirtieron *Vidas rebeldes* en una película maldita.

El 11 de noviembre se hizo pública la separación entre Arthur Miller y Marilyn Monroe, y aunque algunos medios mantuvieron que la actriz había abandonado al escritor para instalarse en un hotel, otros, como el *New York Daily News*, citaban fuentes fidedignas para titular esta noticia con la frase: *Arthur Miller abandona a Marilyn Monroe*, y dentro se incluía una entrevista con el dramaturgo en la que aseguraba que ya no existía ninguna posibilidad de reconciliación entre su esposa y él, porque

135

la decisión de divorciarse la habían tomado con toda frialdad y sin que ninguno de ellos derramara una sola lágrima; además, él veía como una liberación su nueva situación porque el tiempo que había pasado junto a Marilyn no había podido escribir una línea en condiciones normales.

Para intentar superar la depresión que le produjo el divorcio con Arthur Miller, Marilyn comenzó a visitar prácticamente a diario la consulta del doctor Greenson, y esta situación se hizo tan agobiante para los otros pacientes que el médico le pidió a la actriz que lo mejor para su terapia sería tratarla en su casa, porque así ella podía comprobar que no era tan difícil formar una familia. Pero esta decisión acarreó una serie de problemas al propio Greenson, que era un ferviente seguidor de las doctrinas freudianas hasta el punto de mantener cierta relación con Anna Freud, la hija del célebre psiquiatra, y es que Marilyn se iba a tomar al pie de la letra esta invitación y se iba a pasar todos los días por el domicilio del doctor como si fuera a su propia casa. La esposa del doctor, con la que llevaba casado más de veinte años, y sus dos hijos terminaron tan abrumados como hastiados por la continua presencia de la actriz en sus vidas.

El 16 de noviembre falleció Clark Gable sin haber podido conocer a su hijo, que sería bautizado con el nombre de John. Parte de la prensa culpó a Marilyn Monroe de esta muerte y aireó algunos hechos que sucedieron durante el rodaje, en los que la actriz no salía precisamente bien parada. Estas acusaciones se hicieron aún más directas meses más tarde cuando la quinta esposa y ya viuda del actor, la rubia Kay Williams, manifestó en una entrevista que las continuas tensiones que se vivieron durante el rodaje de *Vidas rebeldes* habían matado a su marido, y ponía como ejemplos los eternos retrasos de Marilyn, que le hacían perder los nervios hasta el punto de dejarse arrastrar por un camión a 50 kilómetros por hora agarrado de una cuerda para no pensar en su comportamiento, y el continuo desinterés que demostraba diariamente la actriz por su trabajo y por sus compañeros de reparto.

Estas acusaciones ayudaron a aumentar aún más la depresión de la actriz, a la que además había abandonado su secretaria particular, May Reis, que había tomado partido por Arthur y se despidió diciendo que no estaba acostumbrada a realizar un trabajo tan intenso, aunque su puesto sería ocupado días más tarde por Patricia Newcomb. Por esas fechas Marilyn también recibió una carta de la Twentieth Century Fox notificándole que el 14 de abril debía incorporarse al rodaje de una nueva comedia titulada *Goodbye Charlie* bajo la dirección de George Cukor. La actriz respondió que no pensaba participar en ese proyecto aunque Cukor era uno de los nombres incluidos en su lista y los estudios le comunicaron que debía acatar el contrato o que el litigio se dirimiría en los tribunales. Marilyn pidió consejo a Lee Strasberg y el profesor la invitó a pasar las navidades en su casa de Nueva York, junto a Paula y a su hija Susan; además, le aconsejó volver al Actor's Studio para que los ejercicios interpretativos la ayudaran a liberar los problemas que la estaban angustiando. En realidad lo que quería Lee Strasberg era contar con ella para el reparto de un telefilme titulado *Rain*, producido por la cadena NBC, que sería su primera experiencia como director televisivo, por lo que pidió a la actriz que rechazara la oferta de los estudios para poder trabajar juntos. Lo que su amigo y profesor no había dicho a su alumna es que la NBC había puesto como condición indispensable que el telefilme estuviera protagonizado por Marilyn Monroe, y Strasberg había dado por hecho que la actriz aceptaría la oferta siempre y cuando él fuera el director.

Pero en el mes de enero de 1961 surgió un nuevo problema para la Twentieth Century Fox y era que George Cukor se había incorporado a un nuevo rodaje para la Metro y no estaría disponible hasta cuatro meses más tarde, y los estudios debían iniciar una nueva película con Marilyn Monroe antes del 14 de abril de ese año o de lo contrario perderían cualquier derecho sobre la actriz. Spyros Skouras, que estaba pasando por uno de sus momentos profesionales más críticos por la baja rentabilidad de su productora, tanteó rápidamente a todos los otros directores de la ya famosa lista facilitada por Marilyn, pero todos ellos o ya estaban involucrados en otros proyectos o se negaron a trabajar con la actriz. Sólo faltaba un nombre al que no se le había consultado y ese director era Lee Strasberg, que no había dirigido una película en toda su vida. Los abogados de Marilyn le reclamaron y los productores vieron que ésta era la única salida para tener contenta a la actriz e iniciaron las conversaciones con el director del Actor's Studio. Pero fiel a su filosofía mercantilista, lo primero que preguntó Strasberg fue el sueldo que iba a cobrar por realizar *Goodbye Charlie*, y cuando le dijeron que 22.500 dólares porque aún no había demostrado su valía como director cinematográfico, se sintió ofendido y rompió las negociaciones. A los pocos días Strasberg recibió una nueva oferta personal de Darryl Zanuck doblando la cifra anterior, pero una vez más el profesor de arte dramático dijo que 50.000 dólares no era una cantidad suficientemente atractiva para que él se pusiera detrás de las cámaras y volvió a rechazar la propuesta. En realidad Lee Strasberg estaba tensando la cuerda para ver hasta dónde llegaban Skouras y Zanuck, sin saber que había tirado tanto del cordel que lo había roto, porque ya no volvió a recibir ninguna oferta más de los estudios. Los productores y los abogados de Marilyn llegaron al acuerdo de que la actriz no interpretaría *Goodbye Charlie* y que aún debería intervenir en otra película de la Twentieth Century Fox, mientras que la cadena televisiva NBC retiró el ofrecimiento que le había hecho a Lee Strasberg para dirigir *Rain*, acusándole de haberles intentado traicionar por las conversaciones que el director había mantenido con los directivos de la Fox.

El 20 de enero Arthur Miller y Marilyn Monroe presentaron los papeles de su divorcio de mutuo acuerdo en la localidad mexicana de Juárez. La actriz estuvo presente en este acto que presidió el juez D. Miguel Gómez Guerra, mientras que Miller estuvo representado por su abogado. Los motivos alegados eran incompatibilidad de caracteres, separación marital de hecho desde noviembre de 1960, y que ninguna de las dos partes veía posible una futura reconciliación. Se había elegido esta fecha concreta, porque el 20 de enero de 1961 John Fitzgerald Kennedy firmaría como presidente de los Estados Unidos, y así su divorcio pasaría lo más desparcibido posible o al menos no ocuparía las primeras páginas de los periódicos.

El día 31 de ese mismo mes se estrenó *Vidas rebeldes*. Los productores habían decidido adelantar la *première* mundial del filme para rendir un homenaje póstumo a Clark Gable y la presentación se realizó en el teatro Capitol de Broadway. Mientras Arthur Miller llegó acompañado de sus hijos Jane y Roberto, Marilyn Monroe lo hizo vestida de negro y cogida del brazo de Montgomery Clift. La verdad es que los fotógrafos se quedaron sorprendidos al comprobar el deterioro físico que habían experimentado dos de las estrellas más atractivas de Hollywood: Monty Clft había sufrido un accidente de automóvil tres años antes, mientras rodaba *El árbol de la vida* (*Raintree county*), que le había destrozado el rostro y le inutilizó de por vida el movimiento de algunos de sus músculos faciales, y Marilyn parecía prematuramente envejecida. Arthur y Marilyn no se miraron a los ojos ni se dirigieron la palabra en toda la noche, y cuando Montgomery Clift acompañó a la actriz a su apartamento la dejó sumida en una gran depresión, muy triste y sin apenas despedirse. La actriz no comprendía cómo se le había escapado su matrimonio, ella continuaba enamorada de Arthur y después de visionar *Vidas rebeldes*, creyó que la película no merecía como resultado ni la muerte de Clark Gable ni los tres años de disputas y separación que habían padecido ella y su marido. Ahora estaba otra vez sola, no había logrado realizar el sueño de formar una familia y ni siquiera podría volver a tomarse un café con Arthur, al que seguía admirando profundamente.

Cinco días más tarde Marilyn Monroe ingresaba en la clínica psiquiátrica Payne Whitney por recomendación de la doctora Marianne Kris. Su ficha quedó registrada con el nombre de Faye Miller para intentar burlar a los medios de comunicación. Inicialmente Marilyn iba a ser tratada de su depresión a través de una cura de reposo, pero los médicos le diagnosticaron una esquizofrenia y después de pasar su primera noche en la sección de pacientes tranquilos, a la mañana siguiente se la trasladó a una habitación pequeña y acolchada, cerrada con llave, donde estaba vigilada de forma intensiva. El 9 de febrero el *Daily News* ya se hizo eco de la noticia informando a sus lectores de que la actriz había ingresado en la clínica para someterse a una cura de reposo e intentar recuperarse de su crisis matrimonial y del agotamiento físico y mental que le había producido el exceso de trabajo, obviando, no se sabe si de forma deliberada, la verdadera situación en la que se encontraba la estrella.

El primer día que le permitieron realizar una llamada telefónica Marilyn llamó a Joe DiMaggio y le relató lo que había pasado y en las condicones en las que se encontraba. Anteriormente había enviado una carta a los Strasberg pidiéndoles que la sacaran de allí, pero los profesores de arte dramático habían dado la callada por respuesta. DiMaggio no actuó de la misma forma y al día siguiente se presentó en el hospital amenzando con montar un escándalo si no le daban el alta a su ex mujer inmediatamente. Nada más firmar la doctora Kris la salida de su paciente, Joe DiMaggio la despidió e ingresó a la actriz, con el nombre de Stella Spencer, en el Centro Médico Presbiteriano del Instituto Neurológico de la Universidad de Columbia. Allí fue tratada de principio de anorexia y de depresión, y todos los días recibía visitas de sus amigos. Un mes más tarde los reporteros gráficos pudieron fotografíar a la actriz sonriente y con una estilizada figura saliendo del hospital. Su imagen, con varios kilos menos, no tenía nada que ver con la que presentó en el estreno de *Vidas rebeldes*.

Después de pasar unas pequeñas vaciones en Florida junto a Joe DiMaggio, Marilyn por fin recibió una gran alegría cuando Kay Williams, la viuda de Clark Gable, la invitó al bautizo de su hijo. Este hecho, prácticamente intrascendente, elevó considerablemente la moral de la actriz y decidió que ya había llegado la hora de alquilar un nuevo apartamento en Los Angeles y de regresar a la vida pública.

XXVIII. REGRESAN LOS FANTASMAS DEL PASADO

Miren, muchachos, lo único que yo quiero es que desaparezca Liz Taylor de las portadas de las revistas de todo el mundo (Marilyn Monrore cuando Elizabeth Taylor estaba rodando la superproducción *Cleopatra*).

El 7 de junio de 1961 Marilyn Monroe fue invitada a una fiesta en Las Vegas que había organizado Frank Sinatra y durante toda la velada el cantante de la voz de oro estuvo flirteando con Marilyn delante de varios deportistas famosos y de otros compañeros de profesión. Los dos comenzaron un pequeño y tórrido romance que se inició como una nube de verano y terminó en una auténtica tormenta. Sinatra introdujo a Marilyn en el circuito de las fiestas nocturnas y de la gente más influyente del país, y cuando la actriz volvió a caer enferma y tuvo que ser operada de cálculos biliares, el cantante la colmó de regalos y le envió un perrito de lanas de color blanco, al que puso el nombre de *Maf Honey* (Dulce Mafioso) en clara referencia a la estrecha relación que mantenía Frank Sinatra con el crimen a través de vínculos que eran un secreto a voces en los ambientes artísticos y políticos. Precisamente en una de las fiestas celebrada en la playa de Santa Monica, donde se compraban y vendían favores, Marilyn conoció a Peter Lawford, un actor secundario que había sobresalido al principio de su carrera en filmes bélicos y que en 1954 se había casado con Patricia Kennedy, la hermana del presidente de los Estados Unidos. Lawford compaginaba su mediocre carrera cinematográfica y televisiva con onerosas actividades de relaciones públicas, aprovechando las influencias que le proporcionaba la familia de su mujer, y reunía en interminables veladas dominadas por el juego, el sexo y el alcohol a las personas más poderosas de su país.

En estas fiestas Marilyn aparecía como un atractivo más. Se vestía con trajes muy ajustados y escotados, bebía continuamente y nunca rechazaba tomar algunos tipos de drogas. Cuando Frank Sinatra la veía completamente borracha se burlaba de ella en público y la dejaba en ridículo, porque sabía que ella jamás iba a reaccionar y el día que lo hizo fue durante una actuación del cantante en Las Vegas. Mientras él se movía lentamente por el escenario, ella comenzó a bailar y a levantarse continuamente en una de las mesas más cercanas. El público no podía concentrarse en las canciones y se reía con la alcohólica actuación de la actriz. Cuando terminó el espectáculo Frank Sinatra la echó para siempre de su camerino y allí mismo finalizó su relación.

Marilyn había vuelto a sus orígenes. Era un espectáculo más en las fiestas organizadas, sólo que si anteriormente, cuando era la chica de Joe Schenck, llamaba la atención por su imponente físico ahora su atractivo se centraba en poder hablar, o algo más, con una de las actrices más taquilleras de Hollywood. Marilyn estaba completamente perdida y sólo recuperaba parte de la conciencia cuando acudía a visitar al doctor Ralph Greenson, cuando recibía las visitas de Joe DiMaggio o el día que se reunió de nuevo con su hermana Bernice Miracle cuando ambas coincidieron en Nueva York y fueron juntas a recoger las últimas pertenencias que la actriz había dejado en la casa de Roxbury. Allí se encontraron con Arthur Miller y los tres mantuvieron una amigable charla alrededor de una taza de té.

Pero excepto en estos momentos de lucidez, Marilyn vivía sólo por y para la noche, y en uno de estos encuentros nocturnos Peter Lawford le presentó a Robert Kennedy, que entonces era el fiscal general del Estado y mano derecha de su hermano el presidente. Marilyn estaba una vez más bajo los efectos del alcohol y como su estado era tan patético como lamentable, el propio Bobby Kennedy, acompañado de su jefe de prensa, la llevó a su apartamento y la metió en la cama. Marilyn se estaba destruyendo a sí misma y no le importaba decir en público que esa noche la había pasado con el fiscal general del Estado. Afortunadamente para la actriz, el doctor Greenson acudió en su ayuda, le había diagnosticado inseguridad paranoica y le dijo que debía regresar a Los Angeles y alquilar una habitación en un hotel cercano a su casa para que siempre que le entrara esta angustia e inseguridad pudiera estar junto a ella y así poder ayudarla. Greenson había abandonado temporalmente su consulta para tomarse un año sabático y poder escribir un libro con sus experiencias en la psiquiatría, pero no dejó sola a Marilyn, sino todo lo contrario, le dedicó todo el tiempo que necesitaba, la recibía a cualquier hora del día y la escuchaba por teléfono prácticamente todas las madrugadas, pero lo que no adivinó como psiquiatra es que al alejarla de otras personas Marilyn estaba empezando a depender de él más allá de cualquier relación normal entre un paciente con su médico.

A mediados de octubre Marilyn recibió una nueva propuesta de la Twentieth Century Fox para incorporarse al rodaje de *Something's got to give*, que era un *remake* modernizado del filme *Mi mujer favorita (My*

142

favorite wife), llevado a la pantalla grande por Garson Kanin en 1940 con Irene Dunne y Cary Grant en los papeles protagonistas. En esta ocasión el personaje de Marilyn Monroe sería el de Ellen Arden, un ama de casa que casualmente pierde un avión que termina estrellándose en el Pacífico sin que se encuentre a ningún superviviente. Legalmente ella ha desaparecido en el accidente y puede empezar una nueva vida alejada de su marido y de sus hijos, pero después de cinco años echa de menos a su familia y decide regresar al hogar ignorando que su esposo está a punto de contraer matrimonio con otra mujer. Los otros papeles protagonistas estarían interpretados por Cyd Charisse y Dean Martin, Marilyn cobraría 100.000 dólares por su trabajo, el director sería George Cukor y en la película también aparecería un perro al que llamarían *Tippy* en honor al primer animal que ella había tenido cuando era pequeña.

Pocos días después de recibir esta propuesta, Marilyn apareció en un episodio de la serie televisiva *The Dupont show of the week* y acudió a una fiesta organizada por Peter Lawford para rendir un homenaje a su cuñado John Fitzgerald Kennedy, que se había confesado un gran admirador de la actriz, aunque nunca había matizado si por sus dotes artísticas o físicas. De todos era conocida la fama que tenían los Kennedy a la hora de coleccionar romances y se comentaba que el presidente era capaz de mantener varios encuentros sexuales en un solo día sin que estas citas afectaran lo más mínimo a su agenda de trabajo. Además, desde hacía varios años parecía existir un pacto de silencio entre la familia entonces más poderosa de Norteamérica y los principales medios de comunicación, que tardaron varios años en sacar a la luz algunos escándalos sexuales de esta numerosa saga de políticos.

En la siguiente reunión que mantuvieron Marilyn y los responsables de la Fox se aceptó incorporar al doctor Greenson como consejero y asesor de la actriz, se nombró productor de la película a Henry Wenstein y se encargó a Nunnally Johnson, que anteriormente había escrito para la estrella los libretos de *No estamos casados* y *Cómo casarse con un millonario*, que comenzara a dar forma al guión. La Twentieth Century Fox tenía un interés especial en iniciar cuanto antes el rodaje de la película porque la producción de *Cleopatra* estaba a punto de llevar a la ruina económica a los estudios, y veían en *Something's got to give* la tabla donde agarrarse, ya que se trataba de un filme de bajo presupuesto que probablemente tendría una gran acogida en la taquilla gracias a la presencia de Marilyn Monroe.

Es curioso que los productores vieran en Marilyn a la gran salvadora de los estudios cuando precisamente el nombre de la actriz, junto con los de Kim Novak, Brigitte Bardot, Sofía Loren, Audrey Hepburn, Joan Collins y Susan Hayward, había estado encima de la mesa para interpretar a Cleopatra. Pero el productor Walter Wagner rechazó este ramillete de estrellas para ofrecer el papel de la legendaria reina de Egipto a Elizabeth Taylor, que había dejado de pertenecer a la MGM para fichar por la Fox con un magnífico contrato por el que recibiría un salario de 125.000 dólares por cuatro meses de rodaje, 50.000 dólares más por cada semana adicional si no se cumplía el calendario previsto por la productora, 3.000 dólares semanales para gastos generales, transportes gratis para ella y para todos sus hijos y una copia final del filme en 16 mm. Wagner había actuado en todo momento con el consentimiento de Spiros Skouras, y esta decisión estaba a punto de costarles el puesto, porque si el director Joseph L. Mankiewicz calificó posteriormente su película como *una auténtica odisea cinematográfica*, por las desgracias que tuvieron que soportar, más tarde corroboraría estas calamidades el mismísimo Walter Wagner en su libro *My life with Cleopatra* (*Mi vida con Cleopatra*), en el que llegó a escribir: *Había más interés en el mundo por la realización del largometraje y por sus estrellas que por cualquier otra noticia*, lo que daba una idea de la fascinación que el filme había despertado. El rodaje se retrasó continuamente por las adversidades climatológicas y las continuas enfermedades de Elizabeth Taylor, y la Fox decidió suspender la superproducción. Pero después de varias conversaciones el proyecto se volvió a poner en marcha con Joseph L. Mankiewicz como director, en lugar de Robert Mamoulian, y con la sustitución de los dos protagonistas masculinos, Stephen Boyd (Marco Antonio) y Peter Finch (Julio César), por Richard Burton y Rex Harrison respectivamente, lo que aumentó aún más los gastos de producción. Además, Mankiewicz quiso rehacer el guión por completo condensando en él las obras teatrales *César y Cleopatra*, de Bernard Shaw, y *Antonio y Cleopatra*, escrita por William Shakespeare, para trasladarlas a la pantalla en un solo filme, que en realidad contenía dos largometrajes distintos —cada uno de ellos con una duración aproximada de tres horas, aunque claramente complementarios—. Al final el rodaje se reanudó en el mes de septiembre de 1961 en los estudios italianos de Cinecittá, en Roma, cuando la Twentieth Century Fox ya llevaba gastados casi diez millones de dólares sin que prácticamente se hubiera empezado la película.

Marilyn, que se imaginaba los gravísimos problemas por los que estaban pasando los estudios, contrató los servicios del abogado Mickey Rubin, que era cuñado del doctor Greenson, para volver a presionar a la Fox exigiéndole más dinero y el derecho a poder modificar el guión, porque así al menos podría salvar parte de la dignidad que había perdido. Pero los directivos se negaron a enviarle las páginas que ya había escrito Nunnally Jonson y el 15 de noviembre, fecha en la que se había concertado la primera reunión del director con los actores, Marilyn no se presentó.

Los estudios enviaron una carta, con copia a su abogado, en la que se les informaba de que a partir de esos momentos la actriz quedaba suspendida de empleo y sueldo. Una reacción incomprensible porque la Twentieth Century Fox había despedido a su estrella más taquillera cuando más la necesitaba.

Marilyn apareció esos días en un reportaje fotográfico de la revista *Look* para celebrar las bodas de plata de la publicación y además, por consejo de Greenson, contrató un ama de llaves ya mayor y bastante autoritaria, llamada Eunice Murray, que se encargaría de buscarle una nueva casa y sobre todo de hacerle compañía. A principios de diciembre, Darryl Zanuck, que estaba a punto de sustituir a Spiros Skouras como mandamás de la Twentieth Century Fox, decidió enviar el primer guión a Marilyn de *Something's got to give* para que se incorporara lo antes posible al rodaje, y a los dos días Mickey Rubin contestó que la actriz quería realizar correcciones en el libreto y que se contratara al Charles Lang, Jr., director de fotografía de *Con faldas y a lo loco*. Los estudios, que se encontraban entre la espada y la pared, aceptaron las nuevas condiciones con tal de que la actriz volviera al trabajo en enero de 1962. Esas navidades Marilyn las pasó con Joe DiMaggio y la familia Greenson.

XXIX.   UN AMANTE MEXICANO

Yo no necesito nada para ponerme en marcha, no soy un Ford-T
(Marilyn Monroe).

Para ser fiel al popular dicho de año nuevo, vida nueva, en enero de
1962 Marilyn contrató a Cherrie Redmond como secretaria y se compró
una casa de estilo español en Brentwood, Los Angeles, en cuyas baldo-
sas de la entrada aparecía escrita la inscripción *Cursun Perficio* (*He llegado al final del camino*), que parecía una premonición vital en toda regla.
Ese mismo mes la actriz recibió una nueva invitación para asistir a una
cena privada en la que también estaría presente John Kennedy. La velada
se celebró en casa de Peter Lawford, que a partir de entonces se convertiría en el principal aliado para que estrella y presidente desfogaran sus
deseos sexuales por diferentes hoteles de Washington, Los Angeles y en
el apartamento neoyorquino de East 57 Street. No era extraño ver a John
Fitzgerald Kennedy llegar a estos encuentros amorosos conduciendo personalmente un descapotable de la Casa Blanca y partir una hora más tarde
a cumplir con sus obligaciones políticas. Se ha especulado mucho sobre
la importancia que le dio Marilyn Monroe a este romance y sobre si aspiraba a convertirse en la primera dama de los Estados Unidos o se con-
formaba con ser la amante del presidente y que esta relación influyera en
la lucha personal que mantenía con los estudios, pero lo que sí está claro
es que Kennedy sólo veía a Marilyn como un trofeo más de caza y que
la actriz admiraba profundamente al político como años antes la habían
cautivado la cultura e inteligencia de Arthur Miller, de quien seguía enamorada. El hecho es que su relación con el presidente de los Estados
Unidos ayudó a calmar los ánimos destructivos que tenía y a invertir el
tiempo que malgastaba por las noches en ampliar las sesiones con el doctor Greenson y a preparar con Paula Strasberg las primeras escenas que
debía interpretar en *Something's got to give*.
Pero si los primeros 15 días de febrero fueron realmente traquilos en
la vida de Marilyn, hasta el punto de que el propio Greenson viendo su
mejoría comenzó a organizar un viaje por Europa e Israel creyendo que

147

su paciente ya no le necesitaba de una forma tan intensa, no sucedió lo mismo durante la segunda quincena del mes. El detonante de este cambio tan brusco fue la boda de Arthur Miller con Inge Morath en New Milford, Conneticut. Marilyn fue sorprendida a la salida de su casa por un periodista que le comunicó esta noticia, ya que la ceremonia se había llevado en secreto, y la actriz le contestó que se alegraba por su ex marido, pero cuando le dijo que la fotógrafa Inge Morath estaba embarazada de dos meses, el rostro de Marilyn se tensó, dio la espalda al periodista y salió corriendo. Tres días más tarde la actriz viajó a México acompañada de Eunice Murray con la disculpa de comprar muebles para decorar su casa nueva.

El 20 de febrero Marilyn fue recibida en el aeropuerto internacional de México prácticamente con honores de jefe de Estado, conoció al presidente de le República, Adolfo López Mateos, y visitó con su esposa, Eva Samanum, el Instituto Nacional de Protección a la Infancia, donde, según algunas fuentes, llegó a entregar una solicitud para adoptar a un niño después de ofrecer un donativo de 2.000 dólares. La actriz se alojó en el hotel Hilton y durante diez días recorrió las localidades de Toluca, Cuernavaca, Acapulco y Taxco. Allí conoció al director y actor mexicano Emilio *Indio* Fernández, que estaba rodando junto a María Félix la película *Bandida*. Fiel a su costumbre de mujer arisca, *La doña* no quiso conocer a Marilyn Monroe, porque pensaba que no era más que, según palabras textuales, *una fulana y una pésima actriz*, por lo que no asistió a la cena que se organizó en su honor esa noche en la casa de *Indio* Fernández. Al día siguiente, en el restaurante El taquito conoció a Mario Moreno *Cantinflas* y al guionista de la película *La cucaracha,* José Bolaños, que se convirtió en su amante.

La cucaracha era una de las películas más míticas de la cinematografía azteca, a pesar de haberse rodado en 1958, porque su argumento ensalzaba el coraje de las mujeres revolucionarias y a las órdenes de Ismael Rodríguez se concentraron como protagonistas las grandes estrellas mexicanas del momento: María Félix, Dolores del Río, Pedro Armendáriz y Emilio *Indio* Fernández. Además, era la primera vez que dos mujeres tan temperamentos como María Félix, puro ardor mexicano, y Dolores del Río, que comenzó su carrera en Hollywood, coincidían en un filme, y cuando la prensa acusó al director Ismael Rodríguez de hacer demasiadas concesiones a las dos actrices, él se defendió diciendo: *¡Concesiones! ¿Que hice concesiones? Mire, quisiera ver no a Griffith, o a Fritz Lang, o a Kurosawa, no; ¡quisiera ver a Dios dirigiendo a Dolores del Río y a María Félix juntas, a ver qué podía hacer!* Como también José Bolaños poseía ese carácter tan latino, capaz de mimar a las mujeres más difíciles, no es de extrañar que conquistara el corazón de una entonces indefensa Marilyn, a la que colmó de toda clase de atenciones enviándole inmensos ramos de flores con su nombre y cortejándola al frente de una banda de mariachis al pie de su ventana. La actriz quedó tan prendada de Bolaños que le pidió que la acompañara a Hollywood y apareció cogida de su brazo en la ceremonia de entrega de los Globos de Oro, donde recibió el premio a la actriz más popular del mundo. Marilyn subió al escenario en un estado lamentable, apenas podía articular una palabra y se tambaleaba tanto que el actor Rock Hudson, que fue el encargado de entregarle el galardón, la tuvo que sujetar por la espalda para que no se cayera al suelo. Esta aparición de Marilyn Monroe puso sobre aviso a los responsables de los estudios y a todos los que la querían bien. Joe DiMaggio viajó a Los Angeles para pasar con ella unos días y Greenson obligó a Marilyn a deshacerse de Bolaños, al que devolvió a México como si fuera una maleta, a pesar de que algunos de sus allegados dijeron haber oído a la actriz que era el mejor amante que había tenido nunca. Pero los responsables de la Fox, que habían recibido la prensa del país azteca informando de que la estancia allí de la estrella había sido una fiesta continua de borracheras, no se creyeron las explicaciones del doctor Greenson cuando dijo que Marilyn no había recogido el Globo de Oro bajo los efectos del alcohol, sino que su estado de debía a las inyecciones que le administraba el doctor Engelberg, que le provocaban una profunda somnolencia.

Los días siguientes a la entrega de los Globos de Oro estuvieron gobernados por el desconcierto. Los estudios no sabían qué hacer con *Something's got to give*, si suspender definitivamente el rodaje después de observar el alarmante estado en el que se encontraba Marilyn, que era capaz de hacer el ridículo delante del mundo entero, o intentar poner todo tipo de trabas a la actriz y después demandarla por incumplimiento de contrato y recuperar así parte del dinero que ya se había invertido. Marilyn, mientras tanto, estaba realizando la mudanza a su casa nueva, con los muebles que había comprado en México, acompañada de Joe DiMaggio, a quien el doctor Greenson ya le había comunicado que su ex mujer padecía una inseguridad paranoica que la hacía tener un miedo atroz a la soledad y le provocaba tanta inseguridad en sí misma como altas dosis narcisistas en su carácter, y precisamente ése era el motivo que la obligaba a beber y a tomar pastillas continuamente cuando se enfrentaba al público, a la cámara o a cualquier tipo de indecisión.

Pocos días más tarde Nunnally Johnson abandonó el guión de *Something's got to give* y su puesto lo ocupó el escritor Walter Bernstein. Marilyn a su vez había reenviado el borrador con unas anotaciones indicando que debería haber más toques de humor en una comedia que iba a estar protagonizada por ella. En la primera reunión que la actriz mantuvo con Bernstein, éste se quedó aturdido ante su comportamiento, ya que Marilyn hablaba todo el tiempo de sí misma en tercera persona, como si fuera el Papa, Julio César o su representante, y le pareció apreciar ciertos síntomas de demencia. Posteriormente George Cukor vio los cambios que había realizado Bernstein en connivencia con Marilyn y cambió hasta 40 páginas del guión ante el disgusto de la actriz, ya que el director, que estaba molesto porque no se le había invitado a estas sesiones, había borrado de un plumazo todo el trabajo que habían realizado.

El mayor aliado de Marilyn en este proyecto fue el productor Henry T. Weinstein, que había sustituido a David Brown en contra de la opinión de George Cukor. Como Paula Strasberg había dicho que Marilyn se ponía muy nerviosa cuando tenía que repasar el guión y se venía completamente abajo cuando leía una y otra vez algo que no le gustaba, Weinstein le facilitó el trabajo diciendo que todo lo que quisiera rechazar lo marcara con una cruz y si creía que no era gracioso para ella, entonces debería poner una doble cruz, pero mientras tanto podría seguir ensayando las escenas aceptadas que debía interpretar. De esta forma al final se revisarían solamente las partes marcadas por Marilyn con una o dos cruces. En realidad Weinstein había sido contratado para que se ocupara de Marilyn, y vivía y trabajaba sólo por y para ella. Cuando el rodaje estaba a punto de comenzar, Marilyn cayó enferma por una infección vírica de la que seguramente se había contagiado en México y se pospuso durante tres semanas la realización de la película. Mientras tanto, Marilyn, que ya no tenía fiebre, seguía viéndose con John Kennedy tanto en privado como en público, ya que mucha gente comenzó a especular con esta relación cuando los vio juntos en casa del cantante y actor Bing Crosby a finales de marzo.

El 10 de abril Marilyn se presentó en los estudios para empezar los primeros ensayos y realizar las pruebas definitivas de vestuario y maquillaje. Pero al día siguiente la actriz no fue al trabajo y Henry Weinstein fue a buscarla a su casa. El productor se la encontró cruzada en la cama, sin conocimiento y completamente maquillada. Cuando llegaron los médicos diagnosticaron sobredosis de somníferos y le aconsejaron reposo absoluto. Weinstein informó de lo ocurrido a los responsables de la Fox y aconsejó que se suspendiera el rodaje de *Something's got to give*, pero la respuesta de los directivos fue que un buen productor nunca suspendía una película y que sólo lo harían si Marilyn Monroe fallecía o tenía un ataque al corazón, aunque aceptaron demorar el inicio del rodaje hasta el 23 de abril.

Esos días dentro de la Twentieth Century Fox se estaba viviendo un auténtico golpe de estado que llevó a Darryl Zanuck a hacerse con el control de los estudios, aunque dejó a Spiros Skouras con un puesto honorífico. El detonante de estos cambios había sido la crisis desatada con

Marilyn Monroe fue elegida en 1999 la estrella más sexy del siglo xx por la revista Playboy *y* Mujer del Siglo *por la revista* People.

Cleopatra, que lejos de superarse había ido engordando como una bola de nieve y podía arrastrar en su caída a una de las productoras más importantes de Hollywood. En abril de 1962, el coste de producción de la película rondaba los 40 millones de dólares y los amores de Elizabeth Taylor y Richard Burton se habían convertido en un escándalo sin precedentes, con la denuncia incluida del Vaticano. Zanuck, que veía que el filme se le había ido de las manos a Mankiewicz y deseaba que terminaran cuanto antes el rodaje y la posproducción, despidió a Walter Wagner y ordenó a los montadores Elmo Williams y Dorothy Spencer que redujeran el larguísimo metraje previsto por el director, haciendo caso omiso a sus reiteradas protestas, y además mandó introducir varias escenas de batallas para elevar el gancho comercial del filme. Pero a pesar de todas estas medidas *Cleopatra* se convirtió en la película más cara de toda la historia del cine, con unos costes tan desorbitados que sólo en el vestuario de la mítica reina del Nilo se habían gastado más de 250.000 dólares, repartidos en un total de sesenta trajes. Zanuck sabía que sólo tenía dos opciones para salvar sus estudios, que *Cleopatra* se estrenase lo antes posible sin aumentar más sus gastos y que Marilyn consiguiera un gran éxito de taquilla con *Something's got to give*.

XXX.   FELIZ CUMPLEAÑOS, SEÑOR PRESIDENTE

Me sentí muy honrada cuando me invitaron a la fiesta del Madison Square Garden el día del cumpleaños del presidente. Se hizo una especie de silencio cuando aparecí para cantarle el Feliz cumpleaños, *como si se me viera la enagua o algo por el estilo. Pensé: ¡qué horror si no me sale la voz!* (Marilyn Monroe).

Antes de incorporarse de nuevo al rodaje, Marilyn pasó varios días de desenfreno en Nueva York, visitó la casa de campo de los Strasberg y discutió con Greenson porque le había comentado que Paula la estaba utilizando y le impedía que se relacionase con sus compañeros de trabajo. La actriz por su parte le dijo que Eunice Murray actuaba como si fuese su espía. El 19 de abril Marilyn volvió a caer enferma por un catarro mal curado en Nueva York y dos días después, cuando debería hacerse la foto del inicio de la película, no pudo levantarse de la cama a causa de una sinusitis. George Cukor tuvo que replantearse toda la agenda del rodaje y comenzó a filmar las primeras escenas sin ella, sin saber si sus problemas de salud eran reales o imaginarios y si en el futuro iba a poder contar con la estrella.

El día 24 de abril el sha de Persia y su esposa, Farah Diba, visitaron los estudios de la Twentieth Century Fox y cuando llegaron al plató en el que se estaba rodando *Something's got to give* preguntaron por Marilyn Monroe, pero la actriz estaba ausente porque no se había recuperado todavía. Saludaron a George Cuckor, Dean Martin y Cyd Charisse, pero los visitantes mostraron su decepción por no poder estrechar la mano de la actriz rubia platino, a la que tanto admiraban. Darryl Zanuck ordenó a Walter Weinstein que fuera a buscarla a su casa y que la trajera inmediatamente, pero cuando se colocó delante de la actriz y le dijo que por favor le acompañara al estudio y no precisamente para trabajar, ella le contestó: *Lo siento, Walter, pero no puedo ir porque no sé qué relación puede tener Irán con Israel.*

Por fin seis días más tarde de lo previsto Marilyn se presentó en el plató, que era una réplica exacta de la casa que George Cukor tenía en Hollywood, para rodar las primeras escenas de la película. Se trataba de la secuencia en la que ella regresa después de cinco años y vuelve a pisar el que fuera su hogar, mientras observa cómo juegan sus hijos en la piscina. Cukor sacó primeros planos de la actriz en los que se la veía pálida, con los ojos tristes e irradiando por primera vez una madura y natural dulzura. En realidad Marilyn tenía bastante fiebre y un fuerte dolor de garganta que aún arrastraba de su resfriado, y en una ocasión llegó a marearse aunque se recuperó rápidamente.

En los días siguientes la infección y la sinusitis que padecía Marilyn se recrudecieron aún más y Cukor le dio permiso para que se fuera a su casa a descansar. Sin embargo, la actriz, que decía estar postrada en la cama, se quejaba continuamente a Weinstein de las cosas que estaban pasando esos días durante el rodaje, como que el collar que lucía Cyd Charisse era demasiado llamativo, o que la actriz llevaba un escote demasiado provocativo y que además estaba rellenando sus pechos colocando cinta adhesiva en sus vestidos. Cuando el productor preguntó a Marilyn que cómo sabía todas estas cosas, ya que ni Paula Strasberg ni su secretaria pasaban por el plató, ella contestó que tenía sus propios espías dentro del rodaje. La estrella estaba otra vez bajo los síndromes típicos de ansiedad y depresión, y aunque no acudía al estudio no había abandonado del todo sus obligaciones laborales y continuaba ensayando con Paula las escenas que debía interpretar inmediatamente después de su recuperación.

El 7 de mayo intentó volver al trabajo, pero media hora después de haber hecho acto de presencia tuvo que regresar a su casa, ya que apenas podía respirar por culpa de la sinusitis. La forma que tenía de moverse y de comportarse alertó al director y a sus compañeros de reparto, que apreciaron un comportamiento algo anormal en sus movimientos y que no tenía nada que ver con pastillas o con alcohol, sino que más bien parecían de una persona que no estaba en su sano juicio. Cukor intentó hablar una vez más con Marilyn a solas, pero ni Paula Strasberg ni Cherrie Redmond se lo permitieron. Desde que comenzó el rodaje de *Something's got to give* las dos mujeres habían levantado una barrera infranqueable alrededor de la actriz y no dejaban que nadie se acercara a menos de diez metros de ella. Paula llevaba tan a rajatabla y de una forma tan desagradable este cometido que el equipo de realización la bautizó con el sobrenombre de *La viuda negra*, por el color de la vestimenta que llevaba habitualmente.

Tres días más tarde las cosas se complicaron aún más porque el doctor Greenson y su esposa iniciaron por fin su viaje a Europa, él también necesitaba descansar del acoso al que le sometía la actriz. Antes de partir el médico dijo a Weinstein que bajo su punto de vista el rodaje debería suspenderse porque Marilyn no estaba en condiciones de continuar con el trabajo. Pero los estudios desoyeron esta petición porque ya habían sobrepasado todo el calendario previsto y estaban fuera de plazo. Zanuck quería estrenar la película en el mes de octubre y salvar así a la Twentieth Century Fox de la quiebra económica a la que la había condenado *Cleopatra*, y el 14 de mayo Marilyn volvió al plató. Estuvo trabajando más de diez horas, pero ese día, que debía rodar con el cocker spaniel al que habían llamado *Tippy,* el animal no contribuyó como se esperaba y se tuvieron que repetir las tomas una y otra vez. Mientras Cukor y los productores intentaban explicar lo que querían al preparador del perro, que cobraba 500 dólares semanales, Marilyn en los descansos jugaba animadamente con los pequeños actores Robert Morley y Alexandra Heilweil, que eran sus hijos en la ficción. Durante las dos jornadas siguientes acudió puntual al trabajo, pero el día 17 abandonó de nuevo el rodaje porque debía volar a Nueva York para felicitar al presidente Kennedy el día de su cumpleaños. A pesar de todas las amenazas que le hicieron desde los estudios, Marilyn no dio su brazo a torcer y, acompañada de Peter Lawford y Milton Ebbins, se subió a un helicóptero dejando plantados a sus compañeros y a George Cukor. Fue entonces cuando el director comenzó a decir que a este paso si quería rodar las escenas de la película en las que aparecía Marilyn debería poner las cámaras alrededor de la cama del presidente. Pero esta frase que provocó las risas de sus ayudantes, no le hizo la misma gracia a los productores, que enviaron una carta a Mickey Rudin notificándole que si su cliente persisitía en su actitud sería despedida.

Marilyn estuvo ensayando con Paula la forma en que iba a cantar *Cumpleaños feliz* al presidente de los Estados Unidos durante dos días seguidos, y al final decidió hacerlo de una forma sensual y melosa en contra de la opinión de su directora de arte. Tanto Paula como Lee Strasberg intentaron disuadirla de esta descabellada idea, y también pusieron reparos a lo provocativo de su vestido, lleno de incrustaciones brillantes, diseñado por Jean Louis, su modisto preferido, y valorado en 12.000 dólares, pero todos sus esfuerzos en este sentido fueron inútiles.

El 19 de mayo, el Madison Square Garden estaba abarrotado con 35.000 seguidores del Partido Demócrata que habían acudido a homenajear a John Fitzgerald Kennedy en una multitudinaria fiesta, en la que también actuaron grandes estrellas de la música y del espectáculo comprometidos con la causa política del presidente, como Ella Fitzgerald, María Callas o Harry Belafonte. Fiel a su costumbre, Marilyn Monroe llegó tarde y los organizadores tuvieron que modificar sobre la marcha el programa del espectáculo. Incluso cuando Peter Lawford la presentó para que saliera a escena con las siguientes palabras: *Señor presidente,*

para celebrar su aniversario esta encantadora dama saldrá aquí no sola-
mente bella, sino también puntual. Señor presidente... Marilyn Monroe,
tuvo que decir su nombre hasta tres veces, y antes de que los tambores
terminaran de repicar por tercera vez anunciando su aparición, la estrella salió por la parte posterior del escenario. Llevaba un vestido tan ajus-
tado que apenas podía moverse, como era su costumbre no llevaba ropa
interior, las incrustaciones despedían brillantes reflejos con los enormes
focos que la alumbraban y la actriz, vacilante y nerviosa, comenzó a cantar *Cumpleaños feliz* al presidente de los Estados Unidos. Su voz era tan
sensual y provocativa que hizo sonrojar al mismísimo John Fitzgerald
Kennedy y desde luego si alguno de los presentes tenía alguna duda de
que la actriz y el político eran amantes, en ese momento quedaron des-
pejadas. Todo el mundo estaba asombrado y no daban crédito a lo que
estaban viendo. Los aplausos sonaron aún con más fuerza cuando apareció una tarta enorme coronada por velas y el propio Kennedy subió al
escenario, para decir sonriente: *La señorita Monroe ha abandonado el*
rodaje de una película para estar aquí esta noche. Y yo ya puedo reti-
rarme de la política después de oír un Cumpleaños feliz *de una forma*
tan dulce y agradable.

Al día siguiente la prensa afín al Partido Demócrata destacó que la
sensual e insinuante Marilyn Monroe había sido la auténtica protagonista
de la fiesta, mientras que otras publicaciones más objetivas señalaron que
todo el país había visto a través de la televisión cómo Marilyn parecía
estar haciendo el amor en directo con el presidente de los Estados Unidos
y se preguntaba si la actriz se hubiera atrevido a ser tan provocativa de
haber estado presente la primera dama de la nación, Jacqueline Kennedy.

La verdad es que esta aparición de Marilyn Monroe en el Madison
Square Garden marcó un punto de inflexión tanto en su carrera como en
su vida. Toda la industria cinematográfica opinaba que la actriz había fal-
tado el respeto a la profesión y John Fitzgerald Kennedy dio la orden a
sus más allegados de que alejaran de su vida a esa mujer enloquecida que
podía acabar con su carrera política. A pesar de todas las llamadas que
realizó a la Casa Blanca para hablar con el presidente, Marilyn sólo consiguió comunicarse con su hermano Robert y con su secretaria, Angie
Novella, que le aconsejaron tranquilizarse una temporada hasta que las
aguas de su relación volvieran a su cauce.

A partir del lunes siguiente Marilyn se incorporó al rodaje de
Something's got to give y estuvo interpretando las escenas en las que ve
por primera vez a sus hijos, aunque pidió que no le sacaran primeros planos porque estaba muy cansada, y tuvo lugar la célebre secuencia nocturna de la piscina, en la que se suponía que su marido (Dean Martin) la
observaba desde una ventana. La historia de esta toma es archiconocida,

156

y es que Marilyn debería haberse puesto un bikini de color carne para parecer que estaba bañándose desnuda, pero como se notaban las marcas del bañador la actriz habló con George Cukor y no puso reparo alguno en rodar sin ningún tipo de ropa encima de su cuerpo. Cuando se zambulló en la piscina el agua ocultaba la realidad, pero cuando salió por la escalera todos los fotógrafos se quedaron atónitos viendo el maravilloso cuerpo de Marilyn al descubierto y rápidamente dispararon sus cámaras mientras la actriz se colocaba el albornoz. Aunque Cukor sabía que las imágenes serían censuradas, rodó toda la secuencia pensando en la publicidad indirecta que proporcionaría a la película, y los fotógrafos, que aún no daban crédito a la oportunidad que se les había presentado, pidieron permiso a la actriz para poder publicar su *striptease*. Fue entonces cuando Marilyn manifestó que podían hacer lo que quisieran siempre que Elizabeth Taylor desapareciera de las revistas. Las fotografías se publicaron en la revista *Life* el 2 de junio y en *Playboy* varios años después de su muerte. Su editor Hugo Hefner había pagado por ellas 25.000 dólares.

Marilyn ya estaba completamente incorporada al rodaje, interpretó varias escenas con Cyd Charisse, Dean Martin y Wally Cox, y sólo faltó a su trabajo un día por una infección de oídos. Pero el 1 de junio, fecha de su 36 cumpleaños, la actriz se presentó triste y deprimida. Cukor prohibió cualquier tipo de celebración hasta terminar de filmar las escenas correspondientes a ese día, y sus compañeros de rodaje encargaron una tarta para cantar el *Cumpleaños feliz*. La fiesta apenas duró unos minutos, la alegría era fingida y Marilyn sólo sonrió cuando le hicieron unas fotos apagando las velas. Ese fin de semana la actriz desapareció de su casa. Según algunas fuentes se había reunido en secreto con John Kennedy, otras informaciones creen que estuvo con los hijos del doctor Greenson y otra tercera versión recoge que no fue con el presidente de los Estados Unidos con quien pasó ese fin de semana, sino con su hermano Robert Kennedy. El caso es que el lunes siguiente la actriz ya no se presentó a trabajar y el motivo que alegó Paula Strasberg es que su pupila padecía una profunda depresión. El rodaje se suspendió durante una semana y Mickey Rubin pidió a Ralph Greenson que regresara urgentemente de Suiza porque la carrera de Marilyn corría serio peligro después de recibir una carta de la Fox amenazándola con despedirla.

Greenson regresó a Los Angeles el 6 de junio y cuando vio a Marilyn se quedó sorprendido porque su cara estaba llena de hematomas. La actriz aseguró que se había resbalado mientras se duchaba y que no sabía si tenía rota la nariz. Después de que la examinara el traumatólogo Michael Gurdin se rechazó esta posibilidad y Greenson comunicó a los estudios que su paciente podría volver al trabajo en una semana porque había contraído un virus que le hacía subir la fiebre, sin comentar nada del extraño incidente. Pero al día siguiente el vicepresidente de la Twentieth Century Fox, Peter Levathes, convocó a la prensa para anunciar que sus estudios habían presentado una demanda contra Marilyn Monroe por violación voluntaria de contrato, reclamándole inicialmente 500.000 dólares, sin perjuicio de elevar esta cantidad hasta un millón de dólares. Según Levathes, cada día que se ausentaba Marilyn de su trabajo le costaba al estudio 9.000 dólares, y la mayoría del equipo de filmación publicó una carta abierta a la actriz agradeciéndole que más de cien personas se quedaran en paro por sus continuas ausencias.

Para sustituir a Marilyn Monroe en el rodaje de *Something's got to give*, se barajaron los nombres de Doris Day, Shirley MacLaine y Lee Remick. Al final sería esta última la actriz elegida, pero cuando iba a hacer suyo el papel de Ellen Arden, Dean Martin dijo que abandonaba el rodaje porque él había firmado un contrato para trabajar con Marilyn Monroe y que, aunque no tenía nada en contra de Lee Remick, su sentido común no le permitía cambiar a una actriz por otra. Al día siguiente, Peter Levathes volvió a reunir a la prensa para informar de que la película se suspendía definitivamente. Los estudios además tuvieron que pagar a Lee Remick una cuantiosa indeminización porque ya había firmado el contrato para ocupar el lugar de Marilyn Monroe.

XXXI. *THE END*

Debe de ser un alivio el sentirse acabada. Es como si en una carrera
llegaras a la meta y dieras un suspiro: ya está (Marilyn Monroe).

Durante el mes de junio Marilyn Monroe ocupó la portada de algunas de las revistas populares más importantes del momento, como *Life*,
Cosmopolitan y *Vogue*, hablando de su despido y posando en reportajes
fotográficos. Por su apariencia y sus palabras los lectores podían sacar
la conclusión de que la actriz se encontraba en plena forma y tenía las
ideas absolutamente claras. Marilyn acudía diariamente a la casa del
doctor Greenson para cumplir con sus sesiones de terapia y una vez por
semana se dirigía a la consulta del doctor Engelberg para que le inyec-
tase porciones de hígado y vitaminas que, según ella, la ayudaban a rejuvenecer.

A mediados del mes de julio, Marilyn se reunió con Sidney Skolsky
para llevar a la pantalla grande la vida de Jean Harlow, y esta noticia,
junto a la gran acogida y publicidad que estaba consiguiendo la actriz con
su presencia constante en revistas, hizo que la Twentieth Century Fox se
replanteara retomar el rodaje de *Something's got to give*. Además algunas imágenes de Marilyn poniéndose el albornoz azul y dejando al descubierto parte de su cuerpo al salir de la piscina habían dado la vuelta al
mundo, y tal y como pensaba George Cukor provocaron una publicidad
añadida a una película que incomprensiblemente parecía que nunca se
iba a realizar. Así las cosas, Peter Levathes citó en su despacho a Marilyn
para tratar de llegar a un acuerdo con ella y continuar con la filmación
de la película. A las dos partes les convenía la reconciliación, a los estudios para sanear sus maltrechas arcas después de producir *Cleopatra* y a
Marilyn para intentar salvar su carrera artística, que en esos momentos
parecía estar acabada.

El 25 de julio la actriz acudió a la cita acompañada de su abogado
Milton Rubin, y cuando la vieron aparecer todos se quedaron asombra-
dos porque estaba radiante y maravillosa. Las negociaciones fueron bastante tensas y al final se acordó que la Fox retiraría todos los pleitos que

había iniciado contra su estrella y Marilyn debería renunciar a todos los privilegios de que había gozado hasta entonces y que tanto le había costado conseguir, como poder elegir director, cámaras, vetar a compañeros de reparto y revisar el guión. Además, durante el rodaje no podría estar presente Paula Strasberg o cualquier otra profesora de interpretación, no se le permitía solicitar tomas extra si no era con el consentimiento del director y debería pedir perdón públicamente por su comportamiento anterior. De todos los puntos acordados este último fue el más humillante de todos, porque la actriz que había rechazado los planteamientos y formalismos unilaterales de la industria cinematográfica iniciando un camino tan audaz como independiente había echado por tierra todas las conquistas que había conseguido y además debía pedir disculpas a la productora que más la había hecho sufrir.

Pero la vida de Marilyn Monroe continuaba más allá de las cámaras y asistió a varias fiestas en las que coincidió con Frank Sinatra, Joe DiMaggio, Peter Lawford y Robert Kennedy. Según algunas fuentes, Bob había ocupado el lugar de su hermano John en el corazón de la actriz e incluso en el *New York Journal* se hizo referencia a un famoso e importante caballero que se veía continuamente con ella, sin citar en ningún momento a algún miembro de la familia Kennedy. También por estas fechas era habitual ver salir a Marilyn de su casa para llamar desde un teléfono público porque decía que habían colocado micrófonos ocultos en su domicilio.

El miércoles 1 de agosto, Marilyn recibió una llamada de la Fox diciéndole que el rodaje de *Something's got to give* se reanudaría en octubre, pero que el director George Cukor había sido reemplazado por Jean Negulesco, lo que animó enormemente a la actriz, que ya había trabajado con él en *Cómo casarse con un millonario* y además era uno de los nombres que ella había incluido en su ya nada efectiva lista. La vida parecía que iba a sonreír de nuevo a Marilyn Monroe. Los estudios habían tenido el gran detalle de poner a Negulesco detrás de las cámaras para contentarla y ella se encontraba más tranquila que de costumbre. Todos los días tenía varias horas de terapia en su casa con el doctor Greenson y continuamente conservaba las puertas abiertas de su hogar para los periodistas. Sólo había una cosa que realmente le preocupaba y es que cuando llamaba a la Casa Blanca no conseguía que se pusieran al teléfono ni John ni Robert Kennedy, y de este hecho se había quejado amargamente a Peter Lawford. Precisamente Deborah Gould, que fue esposa de Lawford, dijo que la relación que mantenía la actriz con Bob Kennedy fue el detonante que causaría su muerte, porque este romance con el miembro más católico de la familia estaba destinado al fracaso desde el primer momento.

Con el paso del tiempo, todos los indicios apuntan a que Marilyn se había enamorado del entonces fiscal general del Estado mucho más que del presidente de los Estados Unidos, mientras que ella sólo había sido una conquista más intercambiada por los hermanos Kennedy. Y tal vez motivada por esta situación, el sábado 4 de agosto la actriz se mostró más nerviosa que de costumbre. El doctor Greenson fue a visitarla dos veces ese día, por la mañana la notó muy alterada y le dio varias pastillas para que se tranquilizara, y por la tarde le aconsejó beber mucho líquido e intentar salir de su casa para despejarse. Marilyn habló por teléfono con Peter Lawford, que la invitó a una fiesta en su casa; con Joe DiMaggio y con su hijo, Joe DiMaggio jr., antes de las 7 de la tarde, y todos ellos la encontraron tranquila e incluso animada. Pero no ocurrió lo mismo cuando dejó un mensaje a su masajista en el contestador una hora después, ya que en la cinta se grabó la voz de una mujer que decía frases inconexas. Media hora más tarde Peter Lawford se puso en contacto con Marilyn para animarla a que se uniera a la fiesta, pero encontró a la actriz completamente desorientada y confundiendo las palabras; además, creyó oírla decir: *Despídeme de Pat, del presidente y de ti, porque eres un buen muchacho*, antes de que se cortara la comunicación. Cuando volvió a llamarla por teléfono la línea daba la señal de comunicando; asustado, localizó a Milton Ebbins y éste le aconsejó que no fuera a la casa de Marilyn porque si estaba borracha o drogada se podría ver implicado en un escándalo. Finalmente Ebbins llamó al abogado Mickey Rubin, quien a su vez telefoneó a su cuñado Ralph Greenson.

Eunice Murray se despertó sobresaltada a las 3 de la madrugada y vio que el cable del teléfono aún permanecía atrapado por debajo de la puerta y que la luz de la habitación continuaba encendida. Llamó a Marilyn y al no obtener respuesta, después de comprobar que la puerta estaba cerrada con llave, telefoneó al doctor Greenson. El médico llegó a la casa de su paciente en menos de diez minutos y rompió el cristal de la ventana para entrar en la habitación, allí vio Marilyn tendida en la cama boca abajo y completamente desnuda. Con su mano derecha mantenía agarrado el auricular del teléfono y varios minutos más tarde el doctor Engelberg certificaba su muerte.

A las 5:30 de la madrugada se trasladó el cuerpo sin vida de Marilyn Monroe a la funeraria de Westwood Village y el doctor Thomas Noguchi, que se encontraba de guardia, realizó la autopsia al cadáver. El día 8 Joe DiMaggio y la hermanastra de la actriz, Bernice Miracle, presidieron el sepelio, al que sólo acudieron 31 personas y ningún actor, porque DiMaggio quiso un entierro íntimo y sólo con los más allegados. Marilyn descansaba en un ataúd de bronce vestida con un vestido verde y un pañuelo de gasa abrazándole el cuello. Además le habían colocado una peluca en la cabeza y un ramo de flores en su regazo. Bajo los acordes de la canción *Over the rainbow*, el reverendo luterano A. J. Soldan ofició el sepelio y Lee Strasberg fue el encargado de despedir a la actriz con unas emocionadas palabras. Antes de cerrar la caja, Joe DiMaggio se acercó a Marilyn y mientras la besaba le susurró entre lágrimas: *Te quiero, te quiero, te quiero*. Posteriormente el ataúd se introdujo en un nicho que se selló con una sencilla lápida de mármol que tenía inscrita la siguiente leyenda:

Marilyn Monroe 1926-1962

XXXII.   PREGUNTAS SIN RESPUESTA

*Siempre he confiado en el teléfono. Es mi mejor amigo. Me encanta lla-
mar a mis amigos por la noche, cuando no puedo dormir* (Marilyn Monroe).

Lo más probable, y así se recoge en la versión oficial, es que Marilyn
Monroe se suicidara ingiriendo decenas de pastillas de Nembutal. La
actriz no era correspondida en el amor, su carrera artística había entrado
en un peligroso declive por su comportamiento en los rodajes, sufría paranoia y anteriormente ya había intentado acabar con su vida en más de una
ocasión. Sin embargo, y a pesar de haber transcurrido mucho tiempo, aún
permanecen sin contestar algunas preguntas que ayudarían a resolver definitivamente la muerte de Marilyn Monroe, si realmente se trató de un sui-
cidio o si hubo en su óbito implicaciones políticas que pudieran manchar
el apellido Kennedy.

Por ejemplo, se ha afirmado en numerosas ocasiones que el FBI había
borrado todas las cintas que contenían las llamadas que la actriz había realizado esa noche a la Casa Blanca y nunca se ha sabido lo que pasó realmente con las pruebas enviadas al laboratorio por el médico forense Thomas
Noguchi, que incluían varias muestras de los órganos de la actriz con indicaciones precisas sobre los análisis que debían realizarse, pero incomprensiblemente estas pruebas desaparecieron antes de averiguar su diagnóstico,
y el mismo camino de evaporación tomaron las fotografías del cuerpo sin
vida de la actriz realizadas por el equipo médico en la habitación.

Probablemente la persona que mayores contradicciones ha cometido en
sus declaraciones ha sido el ama de llaves Eunice Murray, que primero dijo
haber encontrado el cadáver hacia la medianoche y después a las 3:30 de
la madrugada. También afirmó ante la policía que había llamado al doctor
Greenson cuando la actriz no respondía, pero ¿cómo podía utilizar el teléfono de la casa si Marilyn tenía descolgado el auricular en una habitación
cerrada? Posteriormente en varias publicaciones manifestó que la estrella
había recibido una llamada después de hablar con Joe DiMaggio que la
había sacado de sus casillas. También dijo en otra ocasión que cuando ella
entró en la habitación Marilyn aún vivía, que la puerta no estaba cerrada

con llave porque casi todas las cerraduras de la casa estaban estropeadas, y que esa tarde Robert Kennedy se había presentado en el domicilio de la actriz, y tuvieron que intervenir sus guardaespaldas para protegerle.

Otra declaración interesante en este sentido es la del sargento Clemmons, que fue quien recibió la llamada del doctor Engelberg y el primer policía en entrar en el domicilio de Marilyn Monroe después de su muerte. Clemmons manifestó que le había extrañado ver a Eunice Murray poner la lavadora a esas horas, tampoco comprendía que no hubiera un vaso en la habitación de la actriz y, sobre todo, que, según sus propias palabras, *todo parecía un montaje y que el cadáver se había colocado a propósito en esa posición. Por ejemplo, las piernas estaban paralelas, cuando en los casos de muerte provocada por barbitúricos, antes de perder el conocimiento, el cuerpo sufre dolores y contorsiones*. También en una entrevista televisiva Walter Schaefer, gerente de la empresa Ambulancias Schaefer, manifestó que sus servicios fueron solicitados sobre la medianoche, y que él mismo trasladó a Marilyn Monroe aún con vida al hospital de Santa Mónica, pero después de esta intervención el hombre no volvió a abrir la boca y en los archivos del centro hospitalario nunca se registró la entrada de la actriz.

En el cuerpo de Marilyn no se encontraron señales de violencia y sólo quedaron restos de Nembutal en la sangre y en el hígado, pero no apareció ni una cápsula de esta sustancia en su estómago, lo que demuestra la posibilidad de que los sedantes entraran en su cuerpo a través de un enema, una práctica habitual entonces entre las actrices de Hollywood; que se los inyectara en vena o que se le hubiera realizado un lavado de estómago.

Respecto a la teoría de que la muerte de Marilyn Monroe formó parte de un montaje para que Robert Kennedy no se viera salpicado en un escándalo sexual que podría hacer explotar al Gobierno demócrata de los Estados Unidos, hay que señalar que algunos testigos, entre ellos el alcalde y el jefe de policía de Los Angeles, afirman haber visto salir la tarde del 4 de agosto al fiscal general del Estado del hotel Beverly Hilton y que, años más tarde, Deborah Gould manifestó que su ex marido Peter Lawford le había confesado que Robert Kennedy abandonó Los Angeles a las 2 de la madrugada en un helicóptero que le llevó a San Francisco.

Para intentar aclarar todas estas sospechas, en 1982 las autoridades intentaron reabrir las diligencias sobre la muerte de la actriz, pero finalmente no se produjo la reapertura del caso, y ante el asombro general el jefe de policía de Los Angeles, Daryl Gates, dio carpetazo al asunto manifestando que la actriz *se suicidó con una sobredosis de barbitúricos. Ésta es la realidad y no hay nada particular en ello excepto que se trataba de Marilyn Monroe*. Ante esta última declaración, muchos de los admiradores de la actriz esperan pacientemente a que se desclasifiquen paulatinamente los papeles secretos de la CIA que podrían responder a algunas preguntas que hoy en día no tienen respuesta.

EPÍLOGO

Odio los funerales y me alegro de no tener que ir al mío. No quiero un funeral y en mi epitafio sólo me gustaría que apareciera: Aquí descansa Marilyn Monroe: 92-60-90 (Marilyn Monroe).

Marilyn fue enterrada en una cripta de mármol en el Westwood Memorial Park de Los Angeles, concretamente en el número 24 del Pasillo de Memorias, y su tumba siempre está cubierta de flores, entre ellas las eternas rosas rojas que dos veces por semana coloca el encargado de una floristería que contrató Joe DiMaggio para que realizara esta función durante veinte años.

Poco tiempo después de su muerte se hizo público el testamento de la actriz, que alcanzaba un capital valorado en 1,6 millones de dólares. El 75 por ciento de esta cantidad se le asignó al profesor de interpretación Lee Strasberg, mientras que el 25 por ciento restante fue a parar la doctora Marianne Kris, la psicoanalista personal de la artista. Además se estableció un fondo fiduciario por el que su madre, Gladys Baker, cobraría 5.000 dólares anuales. Cuando la doctora Kris murió en 1980, una cuarta parte de la herencia de Marilyn se destinó al Centro Anna Freud de Londres, un instituto psiquiátrico infantil, mientras que la cantidad entregada a Strasberg ha sido administrada por su viuda, Paula, y su abogado Irving Seidman desde la muerte del profesor, ocurrida en 1982. Además, según los responsables del Curtis Managemenet Group, los derechos de imagen de Marilyn Monroe generan al año más de dos millones de dólares.

Sin embargo, el legado artístico de Marilyn va mucho más allá que cualquier especulación económica; sólo por poner algunos pequeños ejemplos, recordemos que fue inmortalizada por Andy Warhol en una serie de retratos, se han escrito miles de libros sobre su vida, su ex marido Arthur Miller volvió a recordar su turbulenta relación matrimonial en el libro *Después de la caída (After the fall)* publicado en 1964. Su rostro aparece en la portada del álbum de los Beatles *Sargeant Pepper*, se menciona su nombre en multitud de canciones pertenecientes a todos los estilos musicales, Elthon John le compuso la canción *Candle in the wind*, aunque posteriormente cambió la letra en 1997 para rendir un homenaje a la princesa Diana de Gales cuando falleció en un trágico accidente también a la edad de 36 años, y hasta en el pueblo noruego de Haugesund, donde nació su padre, Martin Edward Mortenson, se ha erigido una estatua en su honor diseñada por la artista Nils Aas. Además, en una encuesta realizada por la revista británica *Empire* en 1995, sus lectores votaron a Marilyn Monroe como la actriz más sexy de todos los tiempos y en octubre de 1997, la octava mejor actriz de la historia del cine; en 1999 fue elegida la Estrella más Sexy del Siglo xx por la revista *Playboy* y Mujer del Siglo por los lectores de la revista *People*. En Christian's se subastó parte de sus numerosas pertenencias, y por el vestido que llevó la noche que cantó *Cumpleaños feliz* a John Fitzgerald Kennedy se pagó hasta un millón de dólares en 1999; su rostro ha aparecido en multitud de sellos y Hugo Hefner, editor de la revista *Playboy*, compró por una verdadera fortuna el nicho contiguo en el que ella está enterrada. Lo que demuestra y reafirma hasta sus últimas consecuencias una de las frases más célebres de Marilyn Monroe: *Pertenezco al público. Él es mi única familia.*

FILMOGRAFÍA

SCUDDA HOO! SCUDDA HAY!

Argumento

Dramática historia en la que se ve envuelto Snug Dominy (Lon McCallister), cuando su padre, Milt (Henry Hull), le deja como testamento la casa en la que viven cuando él muera, en perjuicio de su madrastra (Anne Revere) y el hijo de ésta (Robert Karnes).

Snug es un gran trabajador y con mucho esfuerzo consigue comprar dos mulas para arar la tierra, pero su hermanastro, despechado por tener que abandonar la casa, coloca a los animales unos aros de acero para romperles las patas. Sin embargo, en vez de lograr su objetivo, lo que consigue es que se rebelen contra él y le dejen malherido después de destrozar el granero.

Marilyn Monroe aparece de lejos y muy brevemente sentada en una barca de remos que navega por un río.

FICHA TÉCNICA

Título original: *Scudda Hoo! Scudda Hay!*
Año: 1947.
Director: F. Hugh Herbert.
Guión: F. Hugh Herbert, basado en la novela de George Agnew Chamberlain.
Fotografía: Ernest Palmer A.S.C.
Música: Cyril J. Mockridge.
Duración: 95 minutos.
Color.

FICHA ARTÍSTICA

Rad McGill: **June Haver**.
Snug Dominy: **Lon McCallister**.
Tony Maule: **Walter Brennan**.
Judith Dominy: **Anne Revere**.
Bean McGill: **Natalie Wood**.
Stretch Dominy: **Robert Karnes**.
Amiga: Marilyn Monroe.

DANGEROUS YEARS

Argumento

Jeff Carter (Donald Curtis) ha conseguido eliminar la violencia entre los jóvenes de su ciudad con la ayuda de un bar para chicos. Pero un día llega al local Danny Jones (William Halop) y se hace amigo de un grupo de adolescentes a los que trata de llevar por el mal camino. Uno de ellos intenta retenerle para que no cometa un atraco, y Danny le mata de un disparo antes de ser detenido por la policía.

Durante el juicio, el abogado (Jerome Cowan) de Danny va describiendo minuciosamente la infancia de su defendido en un orfanato. Precisamente en el mismo lugar donde también se crió la hija del fiscal del distrito (Richard Gaines), lo que provocará la soprendente revelación de la enfermera que cuidó a ambos cuando eran niños.

Marilyn Monroe sólo se asoma a la pantalla con el pelo largo, interpretando el personaje de Evie, una camarera del bar El nido de la ardilla.

FICHA TÉCNICA

Título original: *Dangerous years.*
Año: 1947.
Director: Arthur Pierson.
Guión: Arnold Belgard.
Fotografía: Benjamin Kline.
Música: Rudy Schrager.
Duración: 63 minutos.
Blanco y negro.

FICHA ARTÍSTICA

Danny Jones: **William Halop**.
Doris Martin: **Ann E. Todd**.
Willy Miller: **Scotty Beckett**.
Weston: **Jerome Cowan**.
Evie: **Marilyn Monroe**.

LAS CHICAS DEL CORO

Argumento

May Martin (Adele Jergens), una antigua estrella de variedades, baila ahora en el coro junto a su hija Peggy (Marilyn Monroe). Un día, justo antes de salir a escena, se enfrenta con Bubbles LaRue (Marjorie Hoshelle), la estrella principal, y ésta abandona el espectáculo. Peggy ocupa su lugar y obtiene un éxito apoteósico.

Peggy pierde la cabeza por un joven adinerado llamado Randy Carrol (Rand Brooks) y May teme que a su hija le ocurra lo mismo que le sucedió a ella, que se enamoró perdidamente de un hombre de la alta sociedad y terminó abandonada. Su única esperanza ahora es que la madre de Randy

(Nana Bryant), que desconoce los orígenes de Peggy, desautorice esta unión. Un hecho que puede suceder durante la fiesta en la que se hará público el compromiso de los dos jovenes, cuando el director de la orquesta reconozca a la joven corista y revele su verdadera identidad involuntariamente.

FICHA TÉCNICA
Título original: *Ladies of the chorus.*
Año: 1948.
Director: Phil Karlson.
Guión: Harry Sauber y Joseph Carole.
Fotografía: Frank Redman, A.S.C.
Música: Mischa Bakaleinikoff.
Duración: 61 minutos.
Blanco y negro.
FICHA ARTÍSTICA
Mae Martin: **Adele Jergens**.
Peggy Martin: Marilyn Monroe.
Randy Carroll: **Rand Brooks**.
Sta. Carroll: **Nana Bryant**.
Billy Mackay: **Eddie Garr**.

AMOR EN CONSERVA
Argumento
Sam Grunion (Groucho Marx) es un chiflado detective privado que debe investigar la desaparición de un collar de diamantes perteneciente a la familia Romanoff. Los ladrones han camuflado la fabulosa joya en el interior de una lata de sardinas para que el dueño de un supermercado se la entregue, junto a otras mercancías y sin levantar sospechas, a la jefa de la banda, Madame Egilichi (Ilona Massey),

Harpo (Harpo Marx) tiene como misión proveer de alimentos a un grupo de artistas arruinados que quieren montar un espectaculo musical, y se encuentra casualmente en las puertas del surpermecado cuando están descargando las conservas. En un descuido se introduce en los sótanos del almacén y llena de alimentos los bolsillos de su gabardina, incluida la lata con diamantes, que con astucia ha sustraído de la chaqueta del director del establecimiento.

Marilyn Monroe aparece al final de la película y mantiene un simpático diálogo con Groucho Marx en su despacho. Tan atractiva como explosiva, la actriz luce una estola de piel en el hombro y pide ayuda al detective porque unos hombres la persiguen. Groucho decide acompañarla hasta la parada del autobús ante la atónita mirada de un gánster.

FICHA TÉCNICA
Título original: *Love happy.*

169

Año: 1949.
Director: David Miller.
Guión: Frank Tashlin y Mac Benoff, sobre un argumento de Harpo Marx.
Fotografía: William C. Mellor A.S.C.
Música: Hal Ronel.
Duración: 85 minutos.
Blanco y negro.
FICHA ARTÍSTICA
Sam Grunion: **Groucho Marx**.
Harpo: **Harpo Marx**.
Faustino, el Grande: **Chico Marx**.
Madame Egelichi: **Ilona Massey**.
Alfonso Zoto: **Raymond Burr**.
Cliente de Sam Grunion: Marilyn Monroe.

BILLETE A TOMAHAWK
Argumento

El propietario de una línea de diligencias (Mauritz Hugo) quiere evitar que la locomotora *Engine One* llegue a la hora prevista a Tomahawk, Colorado, porque así las líneas ferroviarias perderán su concesión y su negocio ya no tendrá competencia. Para conseguir sus objetivos contrata a un pistolero llamado Dakota (Rory Calhoun).

Dakota se introduce como uno de los pasajeros del tren para sabotear la expedición y allanar así el camino a sus secuaces. La encargada de hacer llegar la locomotora a su destino es Kit (Anne Baxter), que ha ocupado el lugar de su tío, el sheriff Dodge (Will Wright), herido por los malhechores.

Marilyn Monroe da vida a Clara, una componente del grupo de coristas de madame Adelaide (Connie Gilchrist), que viaja en la locomotora para actuar en Tomahawk.

FICHA TÉCNICA
Título original: *A ticket to Tomahawk*.
Año: 1950.
Director: Richard Sale.
Guión: Mary Loos y Richard Sale.
Fotografía: Harry Jackson A.S.C.
Música: Cyril Mockridge.
Duración: 96 minutos.
Color.
FICHA ARTÍSTICA
Johnny Behind: **Dan Dailey**.

170

Kit Dodge Jr.: **Anne Baxter**.
Dakota: **Rory Calhoun**.
Terence Sweeny: **Walter Breannan**.
Clara: Marilyn Monroe.

LA JUNGLA DE ASFALTO
Argumento
Dix Handley (Sterling Hayden) es detenido como sopechoso de un robo, pero queda en libertad porque su víctima, asustada, dice no reconocerle. Este hecho hace que el comisario de policía Hardy (John McIntire) obligue al teniente Dietrich (Barry Kelley) a limpiar su distrito para que desaparezcan las sospechas de corrupción en las que se encuentra su comisaría.

Sin embargo no pasa mucho tiempo antes de que Dix se vea implicado en otro acto delictivo, ya que es contratado como matón por Erwin Riedenschneider (Sam Jaffe), un famoso ladrón de joyas que acaba de salir de prisión y que dice necesitar 50.000 dólares para cometer un atraco en Beletier & Company. Finalmente encuentra a un abogado llamado Alonso D. Emmerich (Louis Calhern), que ha atesorado una auténtica fortuna sacando a criminales de la cárcel, para que le adelante esa importante cantidad de dinero. Pero Emmerich, que está casado con una mujer inválida, ha gastado la mayoría de los dólares que ha ganado en comprar regalos para Angela Phinlay (Marilyn Monroe), su joven y bella amiga, y en ese momento no puede cumplir su promesa.

FICHA TÉCNICA
Título original: *The asfalt jungle*.
Año: 1950.
Director: John Huston.
Guión: Ben Maddow y John Huston, basado en la novela de W. R. Burnett.
Fotografía: Harold Rosson, A.S.C.
Música: Miklos Rozsa.
Duración: 112 minutos.
Blanco y negro.
FICHA ARTÍSTICA
Dix Handley: **Sterling Hayden**.
Alonso D. Emmerich: **Louis Calhern**.
Doll Conovan: **Jean Hagen**.
Gus Minissi: **James Whitmore**.
Dr. Erwin Riedenschneider: **Sam Jaffe**.
Comisario Hardy: **John McIntire**.
Angela Phinlay: Marilyn Monroe.

EVA AL DESNUDO

Argumento

Eva Harrington (Anne Baxter) recibe el premio Sarah Siddons, destinado a la mejor interpretación teatral del mundo. Karen (Celeste Holm), que asiste al acto, recuerda la primera vez que la vio, tímida y modesta, y cómo se compadeció de ella y la invitó a entrar en el camerino de su mayor heroína, la gran actriz Margo Channing (Bette Davis).

Eva se fue ganando poco a poco el afecto de Margo y consiguió que la estrella la nombrara su secretaria personal. A partir de entonces comenzó una carrera cargada de traiciones y deslealtades hasta ocupar el lugar de la admirada actriz que la había acogido en su seno como si fuera una hija.

Marilyn Monroe interpreta el papel de miss Caswell, una jovencísima y ambiciosa actriz que en esos momentos es la protegida de un influyente crítico teatral (George Sanders).

FICHA TÉCNICA

Título original: *All about Eve.*
Año: 1950.
Director: Joseph L. Mankiewicz.
Guión: Joseph L. Mankiewicz, basado en la novela de Mary Orr.
Fotografía: Milton Krasner A.S.C.
Música: Alfred Newman.
Duración: 128 minutos.
Blanco y negro.

FICHA ARTÍSTICA

Margo Channing: **Bette Davis**.
Eva Harrington: **Anne Baxter**.
Addison De Witt: **George Sanders**.
Karen Richards: **Celeste Holm**.
Miss Caswell: Marilyn Monroe.

RUEDAS DE FUEGO

Argumento

Johnny Casar (Mickey Rooney) se escapa de un orfanato y consigue trabajo en una fábrica. La verdadera pasión del joven es poder deslizarse algún día sobre unos patines, y precisamente en una pista de patinaje conoce a Mary Reeves (Beverly Tyler), que le enseña a patinar. Poco tiempo más tarde, Johnny ha conseguido un nivel tan alto que compite en las carreras y consigue ganar al campeón hasta entonces, Mack Miller (Glenn Corbett).

Con ese palmarés, los Bears, el equipo campeón de patinaje sobre ruedas, contratan a Johnny, y el padre O'Hara (Pat O'Brien), el antiguo director del orfanato, le confiesa lo orgulloso que está de él. Pero el éxito y la fama no tardan en transformar el carácter del nuevo ídolo.

FICHA TÉCNICA
Título original: *The Fireball*.
Año: 1950.
Director: Tay Garnett.
Guión: Horace McCoy.
Fotografía: Lester White
Música: Victor Young.
Duración: 84 minutos.
Blanco y negro.
FICHA ARTÍSTICA
Johnny Casar: **Mickey Rooney**.
Padre O'Hara: **Pat O' Brien**.
Mary Reeves: **Beverly Tyler**.
Mack Miller: **Glenn Corbett**.
Polly: Marilyn Monroe.

LA ENCRUCIJADA
Argumento
Un campeón de boxeo profesional llamado Johnny Monterez (Ricardo Montalbán) tiene un carácter difícil y está siempre resentido por su condición de mexicano. Su promotor, Sean O'Malley (Lionel Barrymore), que anteriormente también había sido campeón, sólo cuenta con Johnny para poder sobrevivir económicamente. Mientras, el importante promotor Allan Goff (Barry Kelly) quiere a toda costa que Johnny boxee para él, pero el campeón no acepta porque está enamorado de Pat (June Allyson), la hija de O'Malley.

Uno de los pocos amigos que tiene Johnny es Rick Gavery (Dick Powell), un periodista deportivo que escapa de su soledad a través de la bebida y de las mujeres. Por su parte, Johnny descubre que su mano derecha está perdiendo facultades y teme que los momentos de gloria que está viviendo desaparezcan de un día para otro, por lo que decide firmar un contrato con Goff y ganar el dinero suficiente que le permita retirarse y cuidar de Pat y de su padre.

Marilyn Monroe interpreta el papel de una chica que trabaja en un club nocturno al que acude Rick (Dick Powell) para invitarla a cenar y ahogar sus penas.

FICHA TÉCNICA
Título original: *Right Cross*.
Año: 1950.
Director: John Sturges.
Guión: Charles Schnee.
Fotografía: Norbert Brodine.

Música: David Raksin.
Duración: 89 minutos.
Blanco y negro.
FICHA ARTÍSTICA
Pat O'Malley: **June Allyson**.
Rick Garvey: **Dick Powell**.
Johnny Monterez: **Ricardo Montalbán**.
Sean O'Malley: **Lionel Barrymore**.
Chica del club: Marilyn Monroe.

CIUDAD LOCAL
Argumento
Blake Washburn (Jeffrey Lynn) fracasa en su intento de ser reelegido juez del Estado y regresa a su pueblo natal para trabajar en el periódico *Herald* como editor, al jubilarse su tío (Griff Barnett). Como Blake culpa a los grandes empresarios de su derrota, porque el vencedor es el hijo de un rico industrial, utiliza su nuevo cargo en el periódico para atacar al padre de su rival, John MacFarlane (Donald Crisp) y predisponer a sus lectores contra los grandes hombres de negocios que están ocupando sus tierras con nuevas industrias.

A pesar de los intentos de su novia, Janice Hunt (Marjorie Reynolds), y de su amigo y periodista Slim Haskins (Alan Hale Jr.) para que Blake cambie de opinión, sólo un accidente fortuito en el que se ve implicada su hermana Katie (Melinda Plowman) consigue sacarle de su error.

Marilyn interpreta el papel de Iris Martin, que trabaja como secretaria en el *Herald*.
FICHA TÉCNICA
Título original: *Home town story*.
Año: 1950.
Director: Arthur Pierson.
Guión: Arthur Pierson.
Fotografía: Lucien Andriot.
Música: Louis Forbes.
Duración: 61 minutos.
Blanco y negro.
FICHA ARTÍSTICA
Lake Washbourne: **Jeffrey Lynn**.
John McFarlane: **Donald Crisp**.
Janice Hunt: **Marjorie Reynolds**.
Slim Haskins: **Alan Hale Jr**.
Iris Martin: Marilyn Monroe.

FALSA JUVENTUD
Argumento
John Hodges (Monty Woolley) debe jubilarse a los sesenta y cinco años y abandonar su puesto de trabajo en Acme Printing Services por la política laboral de la empresa principal, Consolidated Motors. Cuando llega a su casa y relata lo ocurrido a su familia, sólo su nieta Alice (Jean Peters) comprende su malestar.

Al día siguiente John se dirige a la oficina de personal de la empresa y allí le aconsejan que escriba una carta al presidente de Consolidated Motors, a quien nadie conoce personalmente, aunque averigua que su nombre es Cleveland.

Hodges se hace pasar por Cleveland, tiñéndose el pelo y la barba de color negro, y luego envía un telegrama al presidente de Acme, Louis McKinley (Albert Dekker), anunciándole su inmediata visita para realizar una inspeccion. Ni siquiera la tranquilizadora presencia de su bella secretaria, Harriet (Marilyn Monroe), consigue calmar el nerviosismo de McKinley.

FICHA TÉCNICA
Título original: *As young as you feel.*
Año: 1951.
Director: Harmon Jones.
Guión: Lamar Trotti, según un argumento de Paddy Chayefsky.
Fotografía: Joe MacDonald.
Música: Cyril Mockridge.
Duración: 77 minutos.
Blanco y negro.
FICHA ARTÍSTICA
John R. Hodges: **Monty Woolley**.
Della Hodges: **Thelma Ritter**.
Joe Elliot: **David Wayne**.
Alice Hodges: **Jean Peters**.
Harriet: Marilyn Monroe.

LOVE NEST
Argumento
Jim Scott (William Lundigan) regresa de alta mar, donde ha servido en el ejército, para vivir con su mujer, Connie (June Haver), en una casa que ella ha comprado en Nueva York y poder escribir allí una novela.

El matrimonio alquila algunas habitaciones para obtener dinero y pronto llegan a la casa Roberta Stevens (Marilyn Monroe), a la que Jim conoció cuando estaba en el ejército, y Charley Patterson (Frank Fay), que termina casándose con otra inquilina llamada Eadie Gaynor (Leatrice

Joy). Cuando contrae matrimonio, Charley le deja dinero a Jim para que éste no pierda el edificio, pero Jim y Connie tienen sus sospechas sobre la procedencia de esa ayuda y al final descubren que su amigo era un seductor que robaba dinero a viudas ricas.

FICHA TÉCNICA
Título original: *Love nest.*
Año: 1951.
Director: Joseph M. Newman.
Guión: I.A.L. Diamond, basado en la obra de Scott Corbett.
Fotografía: Lloyd Ahern.
Música: Cyril Molkridge.
Duración: 84 minutos.
Blanco y negro.
FICHA ARTISTICA
Connie Scott: **June Haver**.
Jim Scott: **William Lundigan**.
Charlie Paterson: **Frank Fay**.
Roberta Stevens: Marilyn Monroe.
Ed Forbes: **Jack Paar**.

LA APUESTA

Argumento

Después de veinte años, Miriam Halsworth (Claudette Colbert) se divorcia de su marido, Hugh (MacDonald Carey), que trabaja como relaciones públicas en un hotel de moda. Uno de los motivos principales de esta separación es la afición de Hugh por el juego.

Miriam se va a vivir con su hija Barbara (Barbara Bates) y su yerno, Jerry Denham (Robert Wagner), a quien no tarda en molestar su presencia. Pero las cosas cambiarán radicalmente cuando pocos días después llegue al hotel Victor Macfarland (Zachary Scott), un rico industrial que había sido pretendiente de Miriam y que desapareció repentinamente cuando estaban a punto de casarse. Victor descubre que su antiguo amor se ha divorciado y comienza a cortejarla de nuevo.

Hugh aún continúa enamorado de Miriam, y para dar celos a su ex mujer comienza a salir con Joyce (Marilyn Monroe), una bella rubia que se hospeda en el hotel.

Victor y Miriam deciden casarse, pero él tiene que volver a Washington para resolver unos negocios y antes de partir le confiesa que hace veinte años él y Hugh apostaron a los dados para ver quién se casaba con ella, y como perdió tuvo que marcharse de la ciudad.

FICHA TÉCNICA
Título original: *Let's make it legal.*

176

Año: 1951.
Director: Richard Sale.
Guión: I.A.L. Diamond y F. Hugh Herbert, sobre un argumento de Mortimer Braus.
Fotografía: Lucien Ballard.
Música: Cyril Molkridge.
Duración: 77 minutos.
Blanco y negro.
FICHA ARTÍSTICA
Miriam Colbert: **Claudette Colbert**.
Hugh Halsworth: **MacDonald Carey**.
Victor: **Zachary Scott**.
Barbara Denham: **Barbara Bates**.
Jerry Denham: **Robert Wagner**.
Joyce Mannering: Marilyn Monroe.

ENCUENTRO EN LA NOCHE
Argumento
Al cabo de diez años de ausencia, Mae (Barbara Stanwyck) regresa al lugar donde nació, un pueblo de pescadores donde vive su hermano Joe (Keith Anders). Él no se alegra de su vuelta porque está enamorado de Peggy (Marilyn Monroe) y teme que algún día pueda abandonarle como hizo su hermana.

Mae conoce a Jerry (Paul Douglas), el patrón de un barco de pesca y termina casándose con él. Aunque parece que es feliz, sobre todo cuando da a luz a su hijo, termina aburriéndose de esa vida monótona, y sólo Earl (Robert Ryan), un amigo de su esposo, hace que recobre parte de su vitalidad, hasta el punto de que decide abandonar a Jerry para irse con él.

FICHA TÉCNICA
Título original: *Clash by night.*
Año: 1952.
Director: Fritz Lang.
Guión: Alfred Hayes, sobre un argumento de Clifford Odets.
Fotografía: Nicholas Musuraca A.S.C.
Música: Roy Webb.
Duración: 105 minutos.
Blanco y negro.
FICHA ARTÍSTICA
Mae Doyle: **Barbara Stanwyck**.
Jerry D´Amato: **Paul Douglas**.
Earl Pfeiffer : **Robert Ryan**.
Peggy: Marilyn Monroe.

NO ESTAMOS CASADOS

Argumento

En Gretna Green, conocida como la ciudad del matrimonio, el recientemente licenciado juez de paz, Melvin Bush (Victor Moore), casa a su primera pareja: el famoso locutor de radio Steve Gladwyn (Fred Allen) y Ramona Stuart (Ginger Rogers), a los que se les ha prometido un programa de radio para ellos solos si contraían matrimonio. Pero dos años y medio después, el Gobierno notifica a Bush que su licencia fue despachada ilegalmente y que, por lo tanto, las cinco parejas que casó durante ese periodo no forman un matrimonio oficial, por lo que debe anunciárselo lo antes posible. Las otras cuatro parejas son Annabel Norris (Marylin Monroe), que ha ganado un concurso de belleza para mujeres casadas y quiere conseguir el título de Miss America, en contra de la opinión de su marido Jeff (David Wayne); Fred Melrose (Louis Calhern), un millonario de Dallas que está a punto de divorciarse de su rubia y llamativa esposa Eva (Zsa Zsa Gabor); Hector Woodruff (Paul Douglas), que sueña con volver a la antigua vida de soltero de la que disfrutaba antes de casarse con Katie (Eve Arden), y Wilson Fisher (Eddie Bracken), que está a punto de partir al frente dejando a su esposa (Mitzi Gaynor) embarazada.

FICHA TÉCNICA

Título original: *We're not married.*

Año: 1952.

Director: Edmund Goulding.

Guión: Nunnally Johnson, sobre un argumento de Gina Kaus y Jay Dratler.

Fotografía: Leo Tover.

Música: Cyril Mockridge.

Duración: 86 minutos.

Blanco y negro.

FICHA ARTÍSTICA

Ramona Gladwyn: **Ginger Rogers**.

Steve Gladwyn: **Fred Allen**.

Juez de paz: **Victor Moore**.

Annabel Norris: Marilyn Monroe.

Katie Woodruff: **Eve Arden**.

NIEBLA EN EL ALMA

Argumento

Jed Tower (Richard Widmark) es un piloto de líneas aéreas que se aloja en un hotel de Nueva York, donde su novia, Lyn Leslie (Anne Bancroft), actúa como cantante. Pero esa noche Lyn le dice que no puede

178

seguir con él porque es demasiado rudo, y Jed, despechado, se refugia en su habitación, hasta que sus malos pensamientos son interrumpidos por la aparición de una bella joven en la ventana de la habitación de enfrente.

Jed trata de conquistar a la chica, que dice llamarse Nell (Marilyn Monroe) y trabajar como niñera, alegrándose de que un desconocido interrumpa su aburrida labor. Cuando los dos jóvenes comienzan a intimar, llama a la puerta Eddie (Elisha Cook Jr.), el ascensorista, que resulta ser un tío de Nell. Jed, que se ha escondido en el cuarto de baño, oye una agria discusión entre los dos y de repente escucha un golpe seco. Al salir de su escondite comprueba que Nell ha golpeado a Eddie en la cabeza con un cenicero.

FICHA TÉCNICA
Título original: *Don't bother to knock*.
Año: 1952.
Director: Roy Ward Baker.
Guión: Daniel Taradash, basado en la novela de Charlotte Armstrong.
Fotografía: Lucien Ballard.
Música: Lionel Newman.
Duración: 76 minutos.
Blanco y negro.
FICHA ARTÍSTICA
Jed Towers: **Richard Widmark**.
Nell Forbes: Marilyn Monroe.
Lyn Lesley: **Anne Bancroft**.
Bunny Jones: **Donna Corcoran**.
Rochelle: **Jeanne Cagney**.

ME SIENTO REJUVENECER
Argumento
El doctor Barnaby Fulton (Cary Grant) está investigando una fórmula que permita rejuvenecer a través de la reparación de las células. Vive tan inmerso en sus pruebas que se olvida de vestirse, de ir a fiestas y hasta de comer, hasta el punto de que si no fuera por su mujer, Edwina (Ginger Rogers), podría morir de hambre. Precisamente un día se quema al llevarse una cuchara de sopa a la boca y cree que lo que realmente haría efectiva la fórmula sería el calor.

Barnaby corre al laboratorio y se reúne con el director, el doctor Oxley (Charles Coburn), y con otros investigadores para suministrar la fórmula al viejo mono *Rudolf*, que inmediatamente comienza a realizar dentro de la jaula las monadas propias de un chimpacé travieso. Más tarde descubren que el mono es en realidad la joven chimpancé *Esther,* que, por alguna misteriosa razón, estaba en la jaula de *Rudolf.*

Esther se introduce entonces en el laboratorio y mezcla toda clase de ingredientes en el depósito del agua. Cuando Barnaby prueba él mismo la fórmula sabe tan mal que corre a beber agua; y el efecto es inmediato, porque comienza a comportarse como un autético colegial, se mofa de sus colaboradores y le pide relaciones a Lois (Marilyn Monroe), la secretaria del Dr. Oxley, a la que invita a subir en su coche antes de estrellarse contra un poste, accidente del que salen ilesos de milagro.

FICHA TÉCNICA
Título original: *Monkey business.*
Año: 1952.
Director: Howard Hawks.
Guión: Ben Hecht, Charles Lederer e I.A.L. Diamond, según el argumento de Harry Segall.
Fotografía: Milton Krasner A.S.C.
Música: Leigh Harline.
Duración: 97 minutos.
Blanco y negro.
FICHA ARTÍSTICA
Dr. Barnaby Fulton: **Cary Grant**.
Sra. Edwina Fulton: **Ginger Rogers**.
Señor Oxley: **Charles Coburn**.
Srta. Lois Laurel: **Marilyn Monroe**.
Hank Entwhistle: **Hugh Marlowe**.

CUATRO PÁGINAS DE LA VIDA
Argumento

Marilyn aparece en el primer episodio, titulado *El polizonte y la antífona*, y representa el papel de una prostituta que es abordada por Soapy (Charles Laughton), un elegante y caballeroso vagabundo que quiere que le arreste la policía para poder pasar los meses en una acogedora cárcel. Cuando Soapy descubre a lo que se dedica la mujer, entonces es él el que sale huyendo.

FICHA TÉCNICA
Título original: *O. Henry's full house.*
Año: 1952.
Director: Henry Kosner.
Guión: Lamar Trotti, basado en el relato corto de O. Henry.
Fotografía: Lloyd Ahern A.S.C.
Música: Alfred Newman.

Duración: 118 minutos.
Blanco y negro.
FICHA ARTÍSTICA
Soapy: **Charles Laughton**.
Prostituta: **Marilyn Monroe**.
Horace: **David Wayne**.
Hombre con paraguas: **Phillip Tonge**.
Camarero: **Erno Verebes**.

NIÁGARA

Argumento

En Cabañas Arco Iris, un hotel situado en el lado canadiense de las cataratas del Niágara, Ray Cutler (Casey Adams) y su esposa Polly (Jean Peters) traban amistad con el matrimonio Loomis, George (Joseph Cotten) y Rose (Marilyn Monroe).

Al salir de excursión por los túneles Polly ve a Rose besando a un desconocido y esa misma noche George se confiesa con Polly y le dice que sabe que su mujer le engaña, pero que él aún continúa enamorado de ella; además se le consideró incapacitado en la guerra de Corea tras sufrir una fuerte depresión nerviosa y Rose va diciendo a todo el mundo que su marido está loco. Mientras tanto Rose se comunica con su amante, Ted Patrick (Richard Allan), y planean deshacerse de George.

A la mañana siguiente, George entra en los túneles, creyendo que Rose le ha precedido para reunirse con algún hombre, y su esposa hace una señal a su amante, que sigue a George dispuesto a matarle. Sin embargo, el cuerpo que aparece en las aguas del Niágara es el de Ted.

FICHA TÉCNICA

Título original: *Niagara*.
Año: 1953.
Director: Henry Hathaway.
Guión: Charles Brackett y Walter Reisch, según el argumento de Charles Brackett, Walter Reisch y Richard Breen.
Fotografía: Joe MacDonald, A.S.C.
Música: Sol Kaplan.
Duración: 89 minutos.
Color.

FICHA ARTÍSTICA

Rose Loomis: **Marilyn Monroe**.
George Loomis: **Joseph Cotten**.
Polly Cutler: **Jean Peters**.
Ray Cutler: **Casey Adams**.
Inspector Starkey: **Denis O'Dea**.

LOS CABALLEROS LAS PREFIEREN RUBIAS
Argumento

Lorelei Lee (Marilyn Monroe) enseña a su compañera de coreografía Dorothy Shaw (Jane Russell), con la que baila en una sala de fiestas, el deslumbrante anillo de pedida que le ha regalado su novio, Gus Esmond (Tommy Noonan).

Pero el acaudalado padre de Gus, que no se fía de su futura nuera, prohíbe el viaje a Europa que proyecta la pareja, y Lorelei le dice a su novio que puede realizarlo ella en compañía de su amiga Dorothy. Gus accede y entrega a Lorelei dinero y les reserva un hotel en París, pero cuando se está despidiendo de ellas en el muelle comprueba, celoso, que en el mismo barco viaja el equipo olímpico norteamericano integrado por musculosos atletas. Gus advierte entonces a Lorelei de que su futuro matrimonio depende de su buena conducta, ya que su padre será inflexible en dar su conformidad ante el más leve escándalo. Además, a bordo del barco viaja Ermie Malone (Elliot Reid), un detective privado contratado por el padre de Gus para que le informe detalladamente de las andanzas de su futura nuera.

FICHA TÉCNICA
Título original: *Gentlemen prefer blondes.*
Año: 1953.
Director: Howard Hawks.
Guión: Charles Lederer, basado en la comedia musical homónima de Joseph Fields y Anita Loos.
Fotografía: Harry J. Wild A.S.C.
Música: Styne, Leo Robin, Moagy Hael y H. Adamson.
Duración: 85 minutos.
Color.
FICHA ARTÍSTICA
Lorelei Lee: Marilyn Monroe.
Dorothy Shaw: **Jane Russell**.
Sir Francis Beekman: **Charles Coburn**.
Ermie Malone: **Elliott Reid**.
Gus Esmond: **Tommy Noonan**.

CÓMO CASARSE CON UN MILLONARIO
Argumento

Tres bellas maniquíes de Nueva York, Schatze (Lauren Bacall), Loco (Betty Grable) y Pola (Marilyn Monroe), alquilan un lujoso piso amueblado para dedicarse a conquistar millonarios.

Por falta de dinero, Loco, que ha salido de compras, permite que el joven Tom Brookman (Cameron Mitchell) pague sus adquisiciones. Pero cuando el muchacho se presenta en el piso, Schatze le despide con modales muy poco finos, ya que están atravesando una situación tan apurada que ha tenido que vender parte del mobiliario del piso.

Por fin un día el seductor Gerard Hanley (William Powell), un gran propietario de Texas, invita a las jóvenes a una fiesta nocturna de millonarios, donde cada una de ellas conseguirá una pareja. Schatze flirtea con el propio Hanley, que se considera demasiado viejo para ella, pero antes de abandonar Nueva York compra el mobiliario que la joven tuvo que vender. Loco fija su atencion en Waldo Brewster (Fred Clark) y viaja con él a las montañas de Maine, donde descubre que está casado antes de coger el sarampión. Y Pola queda con su pareja, J. Stewart Merrill (Alex D'Arcy) en Atlantic City, pero por culpa de su miopía se equivoca de avión y se encuentra con Fredie Denmark (David Wayne), dueño del piso que tienen alquilado, que se halla en una situación apurada por problemas tributarios.

FICHA TÉCNICA
Título original: *How to marry a millionaire.*
Año: 1961.
Director: Jean Negulesco.
Guión: Nunnally Johnson, basado en un argumento de Zoe Akins, Dale Eunson y Catherine Albert.
Fotografía: Joe MacDonald A.S.C.
Música: Alfred Newman.
Duración: 118 minutos.
Color.

FICHA ARTÍSTICA
Pola Debevoise: **Marilyn Monroe**.
Loco Dempsey: **Betty Grable**.
Schatze Page: **Lauren Bacall**.
Freddie Denmark: **David Wayne**.
Eben: **Rory Calhoun**.

RÍO SIN RETORNO
Argumento
Matt Calder (Robert Mitchum) regresa a una pequeña ciudad después de pasar una temporada en prisión para reunirse con su hijo Mark (Tommy Rettig), que tiene diez años, y agradecer a Kay (Marilyn Monroe), una cantante de *saloon,* las atenciones que ha tenido con el pequeño.

Padre e hijo se dirigen a la granja que ha comprado Matt, pero su tranquila vida se ve interrumpida cuando observan que Kay y Harry Weston (Rory Calhoun), un jugador profesional, no pueden dominar la embarcación utilizada para descender el río. Los dos se dirigían al pue-

183

blo para registrar los planos de una mina de oro que habían ganado en una apuesta, y Harry arrebata a Matt su rifle y su caballo para quedarse con la fortuna en solitario. Kay, Mark y Matt quedan desamparados y a merced de los indios, y sólo tienen como alternativa huir en la balsa. Pero a pesar del riesgo que conlleva, Matt decide ir tras Harry siguiendo la corriente.

FICHA TÉCNICA
Título original: *River of no return.*
Año: 1954.
Director: Otto Preminger.
Guión: Frank Fenton, basado en un argumento de Luis Lantz.
Fotografía: Joseph La Shelle, A.S.C.
Música: Cyril J. Mockridge.
Duración: 91 minutos.
Color.
FICHA ARTÍSTICA
Matt Calder: **Robert Mitchum**.
Kay Weston: **Marilyn Monroe**.
Harry Weston: **Rory Calhoun**.
Mark: **Tommy Rettig**.
Colby: **Murvyn Vye**.

LUCES DE CANDILEJAS

Argumento

El matrimonio formado por Molly (Ethel Merman) y Terrance Donahue (Dan Dailey) inicia su carrera artística en el teatro de variedades. Poco a poco la familia va creciendo y aumentando, y los niños deben ingresar en un colegio para permancer alejados del mundo de los bastidores. Pero la vena de los escenarios hace que los tres hermanos se fuguen del internado para incorporarse a la compañía, por lo que a la hora de salir a escena los Donahue pasan de la noche a la mañana de dos a cinco miembros.

Poco a poco, el tiempo irá poniendo las cosas en su sitio y el puesto de Steve (Johnny Ray), que inicia el camino del sacerdocio, será ocupado por una bella rubila llamada Vicky Parker (Marilyn Monroe), de la que Tim (Donald O'Connor) se ha enamorado locamente. Después de varias peripecias, estalla la guerra y los Donahue se reúnen nuevamente al completo para repetir sus grandes éxitos, entre los que se encuentra el célebre número musical *There's no business like show business.*

FICHA TÉCNICA
Título original: *There's no business like show business.*
Año: 1954.

Director: Walter Lang.
Guión: Phoebe y Henry Ephron, basado en un argumento de Lamar Trotti.
Fotografía: Leon Shamroy A.S.C.
Música: Irving Berlin.
Duración: 117 minutos.
Color.
FICHA ARTÍSTICA
Molly Donahue: **Ethel Merman**.
Tim Donahue: **Donald O'Connor**.
Vicky Hoffman/Parker: Marilyn Monroe.
Terrance Donahue: **Dan Dailey**.
Steve Donahue: **Johnnie Ray**.

LA TENTACIÓN VIVE ARRIBA
Argumento
La mujer y los hijos de Richard Sherman (Tom Ewell) se marchan de vacaciones mientras él debe quedarse en Nueva York para seguir trabajando en una editorial. El aburrimiento y la frustración pronto hacen acto de presencia, hasta que aparece en escena una rubia espectacular (Marilyn Monroe), que ha ocupado el piso de arriba y que trabaja como modelo en un anuncio publicitario. La nueva vecina no tarda en insinuarse de forma ingenua a Richard y éste comienza a pensar que es un auténtico donjuán, mientras que en su mente aparecen toda clase de pensamientos sobre la posibilidad de cometer adulterio. Cuando está a punto de tener una apasionante aventura con su vecina, que se ha mudado a su piso con la excusa de que el suyo no tenía aire acondicionado, comienza a pensar que su mujer (Evelyn Keyes) también puede serle infiel.
FICHA TÉCNICA
Título original: *The seven year itch*.
Año: 1955.
Director: Billy Wilder.
Guión: George Axelrod, Billy Wilder, basado en la obra original de George Axelrod.
Fotografía: Milton S. Krasner A.S.C.
Música: Alfred Newman.
Duración: 105 minutos.
Color.
FICHA ARTÍSTICA
La vecina de arriba: Marilyn Monroe.
Richard Sherman: **Tom Ewell**.

Helen Sherman: **Evelyn Keyes**.
Tom MacKenzie: **Sonny Tufts**.
Sr. Kruhulik: **Robert Strauss**.

BUS STOP
Argumento
Bo Decker (Don Murray) es un joven vaquero que dedica su vida a los caballos. Su amigo Virgil (Arthur O'Connell) le acompaña en su viaje a Phoenix, donde va a participar en un rodeo.

Ya en la ciudad Virgil conoce a Chérie (Marilyn Monroe) en un café, y aunque ella se sienta a alternar con él, Virgil se molesta al comprobar que sólo bebe té y no whisky, pero Vera (Eileen Heckart), la camarera, salva a su amiga al recordarle que es la hora de cantar.

Bo, que está buscando a su amigo, entra en el local y se queda deslumbrado ante la belleza de Chérie, que está cantando *That old black magic* sin que nadie le preste atención. Bo salta sobre una mesa y pide silencio a gritos hasta conseguir que la joven pueda finalizar su canción.

Chérie, agradecida, sale con Bo y éste le declara su amor pidiéndole que sea su esposa. Ella no se atreve a rechazar su impetuosa petición, pero al día siguiente no acude a la cita.

FICHA TÉCNICA
Título original: *Bus stop*.
Año: 1956.
Director: Joshua Logan.
Guión: George Axelrod, basado en la obra original de William Inge.
Fotografía: M. Krasner, A.S.C.
Música: Cyril Molkridge y Alfred Newman.
Duración: 94 minutos.
Color.

FICHA ARTÍSTICA
Chérie: **Marilyn Monroe**.
Bo Decker: **Don Murray**.
Virgil Blessing: **Arthur O'Connell**.
Grace: **Betty Field**.
Vera: **Eileen Heckart**.

EL PRÍNCIPE Y LA CORISTA
Argumento
Diplomáticos y representantes de numerosos países acuden a Londres para asistir a la coronación del rey Jorge V. Entre ellos se encuentra el gran duque Carlos (Laurence Olivier), procedente del imaginario reino de Carpatia. En su primera noche londinense el aristócrata acude al caba-

ret Coconut Girl, en el que actúa una joven corista norteamericana llamada Elsie (Marilyn Monroe). El gran duque la invita a cenar en la embajada de su país y allí conoce a su hijo, el rey Nicholas (Jeremy Spenser), que pide explicaciones a su padre sobre la detención de un amigo suyo.

Durante la cena Elsie se emborracha y se queda dormida en la embajada. A la mañana siguiente descubre de forma fortuita que Nicholas tiene la intención de arrebatar el control del Gobierno al gran duque Carlos y decide actuar como mediadora entre padre e hijo.

FICHA TÉCNICA
Título original: *The prince and the showgirl.*
Año: 1957.
Director: Laurence Olivier.
Guión: Terence Rattigan.
Fotografía: Charles Lang, Jr., A.S.C.
Música: Jack Cardiff, B.S.C.
Duración: 117 minutos.
Color.
FICHA ARTÍSTICA
Elsie Marina: Marilyn Monroe.
Gran duque Carlos: **Laurence Olivier**.
Reina Dowager: **Sybil Thorndike**.
Northbrook: **Richard Wattis**.
Rey Nicolas: **Jeremy Spenser**.

CON FALDAS Y A LO LOCO
Argumento
Joe (Tony Curtis) y Jerry (Jack Lemmon) se ganan la vida como componentes de una orquesta que ameniza las veladas de los clientes de un club clandestino de Chicago durante la Ley Seca de 1929. El local utiliza como tapadera una agencia de pompas fúnebres, hasta que el día de San Valentín la policía organiza una redada y los dos músicos son testigos involuntarios de la matanza que sufren varios gánsters por la banda rival de Spats Colombo (George Raft). Para escapar de los asesinos, los dos amigos se incorporan a la orquesta de Sweet Sue y sus Syncopaters, compuesta únicamente por mujeres. Así es como Joe se transforma en Josephine y Jerry se convierte en Geraldine, más conocida por Daphne.

Durante la gira, Daphne es perseguida por un millonario, que le propone continuamente matrimonio, mientras Joe recupera momentáneamente su identidad masculina y se hace pasar por el rico heredero de un imperio petrolífero para conquistar a Sugar Kane (Marilyn Monroe), la atractiva vocalista de la orquesta, que también toca el ukelele.

187

FICHA TÉCNICA
Título original: *Some like it hot.*
Año: 1959.
Director: Billy Wilder.
Guión: Billy Wilder e I.A.L. Diamond, basado en un relato de R. Thoeren y M. Logan.
Fotografía: Charles Lang, Jr., A.S.C.
Música: Adolph Deutsch.
Duración: 119 minutos.
Blanco y negro.

FICHA ARTÍSTICA
Sugar Kane: Marilyn Monroe.
Joe/Josephine/Junior: **Tony Curtis**.
Jerry/Daphne: **Jack Lemmon**.
Spats Colombo: **George Raft**.
Mulligan: **Pat O'Brien**.
Osgood Fieldfing III: **Joe E. Brown**.

EL MULTIMILLONARIO
Argumento

Jean Marc Clement (Yves Montand), reconocido hombre de negocios e implacable conquistador de mujeres, es el séptimo descendiente de una multimillonaria familia cuyos seis últimos antepasados han amasado una inmensa fortuna.

Su apoderado, George Wales (Wilfrid Hyde White), y su agente de relaciones públicas, Alex Coffman (Tony Randall), le informan de la llegada de una compañía teatral que piensa montar una revista parodiándole a él y a otras celebridades del lugar. Coffman y Jean Marc se dirigen al teatro para averiguar todo lo que puedan sobre el asunto y allí descubren a Amanda Dell (Marilyn Monroe), una atractiva actriz que está ensayando la interpretación de la canción *My heart belongs to daddy*. Ella cree que Jean Marc es un aspirante a interpretar el papel de Clement y él no la saca de su error ni siquiera cuando comprueba que tiene una pésima opinión del autentico Jean Marc. Pero lo que nunca podía sospechar el multimillonario es que el director de la obra le escogiera para interpretarse a sí mismo.

FICHA TÉCNICA
Título original: *Let's make love.*
Año: 1961.
Director: George Cukor.
Guión: Norman Krasna.
Fotografía: Daniel L. Fapp.
Música: Lionel Newman.

188

Duración: 118 minutos.
Color.
FICHA ARTÍSTICA
Amanda Dell: Marilyn Monroe.
Jean-Marc Clement/Alexander Dumas: **Yves Montand**.
Tony Danton: **Frankie Vaughan**.
Alexander Coffman: **Tony Randall**.
John Wales: **Wilfred Hyde White**.

VIDAS REBELDES
Argumento

Roslyn Taber (Marilyn Monroe) llega a Reno en plena crisis existencial para obtener la separación judicial de su marido. Se aloja en casa de su amiga Isabelle Steers (Thelma Ritter) y al salir las dos del juzgado conocen a Guy Langland (Clark Gable), un hombre maduro y atractivo que es especialista en rodeos, y a Guido Delinni (Eli Wallach), un viudo que fue piloto durante la II Guerra Mundial y que ahora se gana la vida como mecánico.

Los cuatro celebran una pequeña fiesta en el hogar de Guido y Roslyn se enamora de Guy. Guido propone entonces ir a capturar un rebaño de caballos salvajes para venderlos en una fábrica de conservas de carne para perros. A ellos se suma Perce Howland (Montgomery Clift), un viejo amigo, que está participando en un rodeo y es herido por un toro. Cuando salen a cazar los caballos, Perce ya está enamorado de Roslyn, y aunque sabe que ella guarda sus sentimientos para Guy, él cree que aún puede conquistarla al ver que no soporta la crueldad que utiliza Guy en la caza de los animales.

FICHA TÉCNICA
Título original: *The misfits*.
Año: 1961.
Director: John Huston.
Guión: Arthur Miller
Fotografía: Russell Metty, A.S.C.
Música: Alex North.
Duración: 124 minutos.
Blanco y negro.
FICHA ARTÍSTICA
Guy Langland: **Clark Gable**.
Roslyn Taber: Marilyn Monroe.
Perce Howland: **Montgomery Clift**.
Isabelle Steers: **Thelma Ritter**.
Guido: **Eli Wallach**.

189

SOMETHING'S GOT TO GIVE
Película inacabada
Argumento

Ellen Arden (Marilyn Monroe) es una mujer casada y con dos hijos que ha viajado a otra ciudad por motivos de trabajo. Por un error pierde el avión de regreso a casa y el aparato cae al Pacífico. Como no aparece ningún superviviente, su esposo Nick (Dean Martin) cree que ha fallecido. Sin embargo, Ellen aprovecha esta extraña situación y se plantea comenzar una nueva vida en una isla tropical.

Cinco años después del fatídico accidente Ellen no puede soportar estar separada de sus hijos y regresa a su casa el mismo día que el juez la declara oficialmente muerta. Además Nick parte de luna de miel con Bianca Steele (Cyd Charisse), con la que acaba de formar un nuevo matrimonio.

FICHA TÉCNICA
Título original: *Something's got to give.*
Año: 1962.
Director: George Cukor.
Guión: Nunnally Johnson y Walter Bernstein, según el argumento de Bella & Sam Spewack.
Fotografía: Franz Planer, Charles Lanng Jr. y William Daniel.
Duración: 300 minutos aproximadamente de material filmado.
Color.
FICHA ARTÍSTICA
Ellen Arden: Marilyn Monroe.
Nick Arden: **Dean Martin**.
Juez: **John McGiver**.
Bianca Russel Arden: **Cyd Charisse**.
Timmy Arden: **Robert Morley**.